종자 권리 전쟁

이 철 남

한국지식재산연구원
Korea Institute of Intellectual Property

- 머 리 말 -

인간이 농경생활을 시작한 이후 종자는 매우 귀중한 것으로 취급되었다. 시대와 지역에 따라서는 자연 또는 신의 선물로 신성한 것으로 여겨지기도 했다. 그런데 유전법칙의 발견 이후 종자는 더 이상 신성치 않아졌다. 인간의 목적에 따라 다양한 형태로 조작 가능한 것이 되었고, 신이 아닌 인간이 지배할 수 있는 대상이 되었다. 그리고 사람들은 종자를 지배하기 위해 다양한 형태의 '권리' 개념을 만들기 시작했다. 종자의 거래를 위한 시장이 만들어지면서 종자상인(기업)들은 '품종보호권' 또는 '특허권'이라는 '지식재산권'을 통해 종자를 지배하고자 했다. 여기에 맞서 전통적으로 종자를 보존하고 발전시켜 왔었던 농부들은 소극적으로는 지식재산권을 제한하는 형태로, 적극적으로는 '농부의 권리'를 주장하는 형태로 종자에 대한 그들의 지배권을 주장하고 있다. 한편, 생물다양성협약 이후 국가는 '유전자원'의 관리라는 형태로 종자에 대한 '주권'을 주장하고 있다.

20세기 이후 종자시장의 성장과 함께 미국과 유럽을 중심으로 종자기업을 포함한 육종가의 권리를 보호하려는 형태로 발전해 온 지식재산권 규범체계는 WTO/TRIPs를 통해 우리나라를 포함한 전 세계로 확대되는 계기를 맞았다. 하지만 다른 한편으로는 중국, 인도와 개도국들을 중심으로 종자를 포함한 유전자원을 보존하고 개선하는 데 기여해 온 농부들의 권리를 인정하고 접근 및 이익공유(ABS)의 규범체계를 체계화하기 위한 노력들이 진행되고 있다. 그 결과물들로 식량농업식물유전자원국제조약(ITPGRAF)과 생물다양성협약(CBD), 나고야 의정서(Nagoya Protocol) 등이 만들어졌으며, 몇몇 국가들에서는 국내입법에 반영되기도 했다. 우리나라의 경우 종자기업을 포함한 육종가의 권리보호를 위한 지식재산권 규범체계는 거의 완성단계에 있지만, 종자와 관련된 농부들과 지역공동체의 권리나 이익보호를 위한 노력은 매우 제한적이다. 반면 나고야 의정서(Nagoya Protocol) 이후, 종자를 포함한 유전자원에 대한 국가의 통제권을 강화하기 위한 노력은 한층 강화되고 있다.

이 책은 종자를 둘러싼 다양한 권리 개념을 설명하며, 그 과정에서 종자기업, 농부, 국가가 갖는 이해관계를 소개하고 바람직한 균형점을 찾고자 기획되었다. 책의 많은 부분은 필자가 그동안 국가지식재산위원회, 농림축산식품부, 특허청, 국립종자원, 한국지식재산연구원 등의 기관 및 관계자들과 함께 작업하면서 이미 보고서나 논문으로 발표되었던 내용을 포함하고 있다. 필자의 입장에서는 이 책을 계기로 그간의 연구들을 정리하고 앞으로의 방향에 대해 고민하는 시간을 갖고자 했었다. 하지만 필자의 얕은 지식과 시간적 한계 등으로 계획했던 것만큼 정리하지는 못했다. 그럼에도 불구하고 향후 국내에서의 활발한 논의를 위한 재료 정도는 될 수 있겠다는 심정으로 출판을 결심했다. 개정판의 기회가 주어진다면 조금 더 성숙한 생각을 담아낼 것을 약속한다.

- 차 례 -

제3장　종자와 농부, 그리고 국가　　　　　　　　145

제4장　종자 '권리'의 이데올로기에 관하여　　　　193

제 **1** 장

시작하며

(1) 종자에 관한 개인적인 경험들

본격적인 논의를 하기 전에 필자의 개인적인 경험들을 통해 이야기를 시작하고자 한다. 필자의 고향은 경남 남해군 창선면이다. 남해도 섬인데, 창선은 남해에 부속된 더 작은 섬이다. 요즈음은 그나마 관광지로 알려지긴 했지만, 과거에는 유명하신 분들의 유배지로서 역사책에 조금 소개되고 있을 뿐이다. 그만큼 인간이 살기에 좋지 않은 곳이라는 반증이기도 하다. 예를 들면, '다랭이 논'이 관광지로서 유명해지고 있는데, 농사지을 땅이 없었기에 그렇게 비탈진 곳에도 땅을 일구어 농사를 지을 수밖에 없었다.

평지가 충분하지 않았으므로 논농사보다는 밭농사에 무게를 두었고, 쌀이 귀했으므로 옥수수나 고구마를 많이 재배했다. 특히 고구마는 중요한 식량이자 소득원이었다. 봄에 심어 놓은 고구마는 여름에 넝쿨이 무성해지는데, 여름 내 고구마 줄기를 따서 삶은 후 말려서 시장에서 팔았다. 그리고 가을에는 고구마를 수확해서 얇게 썰어 말린 다음 (이것을 '빼떼기'라고 불렀다) 시장에 내다 팔고 일부는 식량용으로 보관했다.

수확한 고구마의 일부(특히 크기가 크고 '실'한 고구마)는 종자용으로 보관하여 다음 해에 다시 심는다. 그런데 고구마를 영하의 날씨에서 보관하면 썩게 되며 종자로 쓸 수 없다. 그래서 겨울에는 큰 종이 박스에 담아서 방 안에 보관해야 한다. 여러 형제들이 거주하는 조그만 방안에 두어야 하는 불편함이 컸지만, 고구마 종자가 갖는 중요성을 생각하면 그 불편함은 아무것도 아니었다. 오히려 그 긴 겨울밤 하나씩 꺼내어 칼로 깎아서 생으로 먹는 '야식'이 되기도 했다.

시골에서는 비단 고구마뿐만 아니라 옥수수, 벼, 콩 등 대부분의 곡식들은 다음 해의 농사를 위해 수확한 것 중의 일부, 그중에서도 특히 좋은 것들을 따로 종자용으로 보관했다. 그리고 그 종자는 특별한 일이 없는 한 손대지 않고 조심스럽게 보관했다.

종자시장의 관점에서 보면 이상과 같은 농부들의 관행은 바람직하지 않다. 종자시장에서 농민들은 생산자라기보다는 소비자이다.

생산자는 종자회사이며, 종자회사의 비즈니스 모델 및 수익 극대화 관점에서 보면 농부들이 종자를 재사용하는 것을 막아야 한다. 이를 뒷받침하기 위한 수단으로 지식재산권과 라이선스, 그리고 때로는 특별한 기술1)을 사용하기도 한다.

(2) 종자의 규범체계에 관한 논의의 쟁점

현행법상 '종자'란 증식용 · 재배용 또는 양식용으로 쓰이는 씨앗 · 버섯 종균 · 영양체 또는 포자를 말하며, '종자산업'이란 종자를 육성 · 증식 · 생산 · 조제 · 양도 · 대여 · 수출 · 수입 또는 전시하는 것을 업으로 하는 것을 말한다. 최근 제약산업, 식품산업, 화장품산업 등에서 종자의 역할이 부각되면서 종자산업은 미래 성장동력 산업으로 주목받고 있으며, 이와 동시에 종자의 경제적 가치가 재조명받고 있다.

20세기 이후 종자의 가치를 보호하고 지배하기 위한 규범체계는 크게 보면 두 가지 방향으로 진행되어 왔다. 그 첫 번째 방향은 종자시장의 성장과 함께 종자기업을 포함한 육종가의 지식재산권을 보호하고 강화하기 위한 노력들이다. 유럽과 미국을 중심으로 「식물신품종의 보호에 관한 국제동맹」(The International Union for the Protection of New Varieties of Plants)과 특허법에 의한 보호체계가 형성되어 왔으며, WTO/TRIPs를 통해 육종가 및 종자기업을 위한 지

---

1) 대표적인 예는 '터미네이터' 기술이다. "Control of Plant Gene Expression," U.S. Patent No. 5,723,765 (filed June 7, 1995) (issued Mar. 3, 1998).

식재산권 보호체계는 우리나라를 포함한 전 세계로 확대되는 계기를 맞았다.

지식재산권을 둘러싼 대부분의 논의가 그렇듯이, 종자의 지식재산권에 관한 전통적인 논의의 쟁점은 종자에 대한 권리자(품종보호권자 및 특허권자)와 사용자의 이익 균형에 관한 것이다. 그런데 국내의 경우 종자 지식재산권제도의 역사가 비교적 짧기 때문에, 현재까지는 사용자보다는 권리자의 보호에 초점을 맞추어 왔다. 즉, 종자시장에 품종보호권과 특허권 등의 지식재산권 규범체계를 정착시키는 것에 집중되었다. 다만, 최근에는 이용자의 관점에서 종자 지재권의 문제점과 한계에 대한 논의들이 조금씩 나타나고 있다.

종자에 관한 규범체계의 두 번째 방향은, 종자를 포함한 유전자원을 보존하고 개선하는 데 기여해 온 농부들과 토착지역공동체의 권리를 인정하고 접근 및 이익공유(Access and Benefit Sharing) 등의 규범체계를 체계화하기 위한 노력들이다. 중국, 인도 및 아프리카, 중남미, 아시아 등의 개도국들을 중심으로 진행되어 왔으며, 「식량과 농업에 관한 식물유전자원 국제조약」(International Treaty on Plant Genetic Resources for Food and Agriculture)과 「생물다양성협약」(Convention on Biological Diversity), 「생물유전자원 접근 및 이익공유에 관한 나고야 의정서」(Nagoya Protocol) 등의 국제적인 규범체계에 일부 반영되고 있다.

그런데 새로운 규범체계에서 쟁점이 되고 있는 '유전자원 제공자의 보호'에 관한 문제는 종자의 지식재산권 문제를 한층 복잡하고 어렵게 만든다. 즉, 지식재산권 권리자와 이용자라는 두 당사자 구조에서 지식재산권 권리자, 유전자원 제공자 및 이용자라는 3 당사자 구조로 변화하고 있다. 관련 쟁점들로는 유전자원의 출처공개, 사전 동의(PIC), 이익 공유, 농부의 권리(Farmer's Right) 등 다양하지만, 세부적인 쟁점에 대해서는 아직까지 국제적인 합의가 이루어지지 못하고 있는 실정이다. 국내에서도 환경부를 중심으로 「유전자원 접근 및 이익 공유에 관한 법률」의 제정을 시도하는 등 관련 논의가 진행되고 있지만, 종자의 지식재산권과의 관계에서 관련 쟁점을 분석하려는 시도는 드물다.

(3) 이 책의 논의 방향과 한계

종자를 둘러싼 규범체계와 권리에 관한 전쟁은 여러 곳에서 진행되고 있다. 첫 번째 장소는 종자시장 내에서 종자 기업들 사이에 벌어지고 있는 전쟁이다. 20세기 이후에 성장해 온 종자시장을 기반으로 종자에 관한 지식재산권 규범체계가 형성되었고, 이렇게 만들어진 새로운 시장의 규칙에 따라 각 종자 기업들은 품종보호권과 특허권 등의 지식재산권 무기를 준비하고, 실제로 전투를 벌이기도 했다. 두 번째 전쟁은 종자시장을 둘러싼 규범체계와 관련하여 종자기업들과 농부, 그리고 국가 사이에서 벌어지고 있는 전쟁이다. 역사적으로 종자의 생산과 보급 과정에서 큰 역할을 수행하여 왔었던 농민들과 국가는 종자시장과 지식재산권이라는 새로운 게임과 규칙에 대해 혼란스러워했다. 다만, 최근 들어서는 '농부의 권리'와 '유전자원 주권' 등의 새로운 규칙을 제안하면서 종자시장의 역할과 범위에 대한 변화를 모색하고 있다.

이 책의 구성은 다음과 같다.

제2장에서는 첫 번째 전투 현장인 종자시장 내에서의 권리 전쟁에 대해 소개한다. 먼저 세계 종자시장의 현황에 대해 살펴보고 몬산토, 듀퐁 파이어니어, 신젠타 등 다국적 기업을 중심으로 주요 종자기업들에 대해 살펴본다. 그리고 종자시장의 형성과 발전은 종자의 지식재산권과 연결된다는 점을 밝히고, 품종보호권과 특허권 보호체계가 정착되는 과정을 살펴본다. 그 과정에서 주요국들의 종자 지재권 규범체계와 출원 현황 등에 대해서도 검토한다. 품종보호권과 특허권은 둘 다 종자의 지식재산권이라는 측면에서 필연적으로

관계를 맺을 수밖에 없는데, 양 권리의 관계에 관한 논의에도 상당한 내용이 포함되었다. 마지막으로 주요 다국적 기업의 사례를 중심으로 종자 기업들의 지재권 전략에 대해 간략히 소개한다.

제3장에서는 두 번째 전투 현장인 종자시장 외부에서의 권리 전쟁에 대해 살펴본다. 우선, 유전자원을 둘러싼 새로운 국제 규범들을 간략히 소개한다. 새로운 규범들에는 종자에 대한 농부의 권리와 국가의 주권에 대한 사항이 포함되어 있다. 농부의 권리는 지식재산권의 제한이라는 소극적 형태로 정의되기도 하고, 사전 동의(Prior Informed Consent: PIC)와 접근 및 이익공유(Access and Benefit Sharing: ABS)의 내용을 포함하는 적극적인 형태로 정의되기도 한다는 점에서 관련 내용을 차례로 소개한다. 마지막으로 그동안 종자의 생산 및 유통과정에서 수행해 온 국가의 역할을 살펴보고 새로운 규범체계의 적용 과정에서 발생하고 있는 다양한 쟁점들을 소개한다.

제 2 장

종자시장과 기업,
그리고 지식재산권

20세기 이전까지 오랫동안 인류가 종자를 보존, 개선, 이용해 오는 과정에서 시장의 역할은 미미했다. 그 대신 농부들과 토착지역 공동체가 주도적 역할을 하였으며, 농업이 국가의 중요한 산업기반이었던 국가들에서는 정부 등 공공부분이 종자의 보급과정에서 일익을 담당했다. 예를 들어 20세기 초까지만 해도 미국 연방정부가 종자의 무료보급 프로그램을 운영해 왔다.[2] 하지만 멘델의 유전법칙 발견 이후 새로운 종자를 개발하기 위한 노력은 보다 고도화 및 체계화되었고, 그 과정에서 종자 시장과 관련 기업의 역할이 확대되었다. 식물육종기술이 발전하고 종자 시장이 형성되면서, 정부의 지원은 중단하고 그 대신 지식재산권 제도를 통한 보호를 요구하는 목소리가 커졌다.[3]

종자에 관한 지식재산권을 보호하기 위한 대표적인 제도로서 전 세계적으로 신품종보호를 위한 UPOV 체계와 발명을 보호하기 위한 특허법 체계가 있다. UPOV 보호체계와 관련하여 우리나라에서는 1995년 「종자산업법」을 통해 신품종을 보호하기 시작했으며, 2013년 종자산업법상의 품종 보호 및 품종 명칭에 관한 내용을 분리하여 「식물신품종보호법」을 제정하였다. 한편, 특허법 보호체계와 관련하여, 구 특허법은 무성번식식물을 보호하기 위한 식물특허 조항을 두고 있었지만, 2006년 특허청은 무성번식식물에 관한 규정을 삭제하고 무성번식식물과 유성번식식물을 구분하지 않고 특허법의 보호대상으로 취급하고 있다.

---

2) Benjamin Ikuta, "Genetically Modified Plants, Patents, and Terminator Technology: The Destruction of the Tradition of Seed Saving," 35 Ohio N.U. L. Rev., 731, p.732 이하.

3) A. Bryan Endres, "State Authorized Seed Saving: Political Pressures and Constitutional Restraints," 9 Drake J. Agric. L., 323, p.327 이하 참조.

1 종자시장과 종자기업

(1) 종자시장의 현황

2013년에 발표된 세계종자연합(International Seed Federation: ISF)의
자료에 의하면, 2012년의 세계 종자시장 규모는 약 450억 달러에 이
르고 있다.[4] 이를 작물의 종류별로 보면, 곡물종자의 비중이 79%, 채
소 및 화훼종자가 17%, 사료 및 목초종자가 4%를 차지하고 있다.[5]
종자시장 규모는 계속해서 증가해 왔다. ISF의 자료를 살펴보면, 특
히 2000년대에 들면서 전 세계 종자 교역량이 급격히 증가하였다.[6]

[그림 1] 세계 종자교역량 추이 (ISF, 2012)

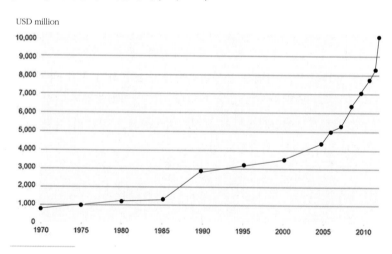

4) http://www.worldseed.org/isf/seed_statistics.html.
5) 김수석 외, "종자산업의 도약을 위한 발전전략," 한국농촌경제연구원,
   2013.12, 9면.
6) http://www.worldseed.org/isf/seed_statistics.html.

국가별 종자시장의 규모를 살펴보면, 미국이 120억 달러로 가장
높고, 중국(99.5억 달러), 프랑스(28억 달러), 브라질(26억 달러), 캐나
다(21억 달러)의 순서로 나타나고 있다. 우리나라의 경우는 약 4억
달러로 조사되었으며, 전 세계 시장의 1%에도 미치지 못하는 것으
로 나타나고 있다.[7] 종자시장의 규모가 큰 상위 10개국의 비중은
전 세계 시장의 80%에 이르고 있다. 2002년 조사에서 각각 3위와 4
위를 차지했던 일본과 러시아의 비중은 줄어들고 있으며, 그 대신
브라질, 캐나다, 인도 등의 비중이 증가하고 있다.[8]

[표 1] 2012년 국가별 종자시장 규모 (ISF, 2013)

국 가	시장 규모	국 가	시장 규모
USA	12,000	Morocco	140
China	9,950	Switzerland	140
France	2,800	Bulgaria	120
Brazil	2,625	Chile	120
Canada	2,120	Nigeria	120
India	2,000	Serbia	120
Japan	1,350	Slovakia	110
Germany	1,170	New Zealand	100
Argentina	990	Uruguay	96
Italy	767	Ireland	80
Turkey	750	Paraguay	80
Spain	660	Portugal	80
Netherlands	590	Algeria	70
Russian Federation	500	Kenya	60
United Kingdom	450	Iran	55
South Africa	428	Israel	50
Australia	400	Tunisia	45
Republic of Korea	400	Bolivia	40
Mexico	350	Colombia	40
Czech Republic	305	Slovenia	40
Hungary	300	Peru	30
China, Taiwan	300	Zimbabwe	30
Poland	280	Malawi	26
Sweden	250	Libya	25
Romania	220	Saudi Arabia	20
Denmark	218	Zambia	20
Greece	200	Philippines	18
Belgium	185	Ecuador	15
Finland	160	Tanzania	15
Austria	145	Uganda	10
Egypt	140	Dominican Republic	7

7) http://www.worldseed.org/isf/seed_statistics.html.
8) 박기환, "세계 종자시장 동향과 전망," 세계농업 제161호, 2014.1.

종자의 주요 수출국으로는 프랑스, 네덜란드, 미국, 독일, 칠레 등
이 있으며, 주요 수입국으로는 미국, 독일, 프랑스, 네덜란드, 이탈
리아 등이 있다.[9]

[표 2] 종자 수출국 순위 (ISF, 2013)

국가	수량(톤)				규모(USD Million)			
	식량작물	채소작물	하훼작물	합계	식량작물	채소작물	화훼작물	합계
프랑스	586,289	8,084	287	594,660	1,437	349	18	1,804
네덜란드	119,862	11,596	1,931	133,389	256	1,255	72	1,583
미국	364,117	17,626	726	382,469	930	529	72	1,531
독일	100,752	1,271	1,271	103,294	638	58	31	727
칠레	50,125	1,809	1,809	53,743	218	150	20	388
헝가리	128,168	1,600		129,768	374	11		385
캐나다	193,559	221		193,780	317	6		323
이탈리아	94,722	10,153	76	104,951	198	116	1	315
덴마크	121,140	7,855	117	129,112	221	42	2	265
중국	31,977	6,130	625	38,732	79	158	14	251
루마니아	96,750	209		96,959	217	1		218
벨기에	18,299	675	180	19,154	203	3	2	208
멕시코	93,767	1,071	49	94,887	175	27	1	203
브라질	53,788	204		53,992	151	14		165
영국	9,940	922	96	10,958	120	21	10	151
아르헨티나	42,757	357		43,114	135	15		150
일본	4,500	1,096	38	5,634	33	91	21	145
스페인	81,100	2,011		83,111	94	51		145
이스라엘	n.a.	n.a		0	21	105		126
오스트리아	57,302	45		57,347	116	2		118
뉴질랜드	17,900	8,427		26,327	54	57		111
호주	10,578	965		11,543	84	24		108
슬로바키아	128,433			128,433	94			94
태국	1,370	2,037		3,407	7	73		80

9) http://www.worldseed.org/isf/seed_statistics.html.

[표 3] 종자 수입국 순위 (ISF, 2013)

국가	수량(톤)				규모(USD Million)			
	식량작물	채소작물	하훼작물	합계	식량작물	채소작물	화훼작물	합계
미국	232,340	14,616	468	247,424	873	369	70	1,312
독일	178,954	4,148	744	183,846	590	90	20	700
프랑스	135,980	5,908	406	142,294	540	137	10	687
네덜란드	150,340	15,398	732	166,470	263	373	49	685
이탈리아	206,124	5,539	130	211,793	242	170	10	422
스페인	133,898	7,201	304	141,403	176	197	1	374
러시아	45,780	2,861	82	48,723	310	58	5	373
멕시코	31,123	2,098	102	33,323	133	221	1	355
영국	47,780	4,162	400	52,342	202	70	15	287
중국	36,348	7,535	78	43,961	143	111	14	268
우크라이나	45,355	373		45,728	238	30		268
일본	42,355	5,413	123	47,891	98	113	20	231
벨기에	49,550	2,726	100	52,376	195	31	2	228
캐나다	51,200	2,933	624	54,757	133	75	15	223
터키	25,465	1,468	5	26,938	64	122	2	188
폴란드	70,090	915	166	71,171	122	50	3	175
루마니아	49,575	1,127	387	51,089	129	16	2	147
헝가리	45,342	1,347		46,689	125	14		139
브라질	30,083	845	28	30,956	50	67	3	120
호주	30,125	1,599	25	31,749	57	53	3	113
한국	27,700	2,605	462	30,767	31	73	7	111
오스트리아	38,000	555	98	38,653	97	13	1	111
덴마크	56,750	1,152	20	57,922	81	24	1	106
남아프리카	71,200	1,222	10	72,432	68	32	1	101
아르헨티나	32,398	259		32,657	77	18		95

전 세계 종자시장의 규모와 교역량은 향후에도 계속해서 증가할 것으로 예측되고 있다. 곡물수급에 대한 우려와 국제 곡물 가격 상승으로 식량자원 확보의 중요성이 증가하고 있으며, 기능성 식품 및

의약품 등 응용산업의 범위가 확대되면서 종자산업이 각종 산업 성장의 원천으로 부각되는 한편, 바이오 에너지에 대한 수요가 증가하고 있다는 사실 등이 그 근거로 제시되고 있다.[10]

최근 종자시장은 대규모 다국적 기업을 중심으로 집중화·대형화되고 있으며, 기업 간 전략적 제휴가 진행되고 있다. 종자시장의 경쟁이 점점 치열해짐에 따라 글로벌 종자기업 간의 인수합병이 활발하게 전개되면서 몬산토, 듀퐁, 신젠타 등 다국적 기업들이 세계 종자 시장을 과점화하고 있는 추세이다.[11] 이들 다국적 기업들은 현재 세계 종자시장의 70% 이상을 장악하고 있다. 이들은 막대한 연구비를 투입하여 새로운 생명공학기술을 개발하고, 유용형질에 관여하는 원천 유전자를 탐색하고 유전자의 기능을 확인하는 등의 연구개발활동을 하고 있다.

2013년 ETC 그룹의 발표에 의하면, 2011년 기준 전 세계 상위 10위의 종자기업은 다음과 같다.[12] 2007년의 순위와 비교할 때[13] 후순위에서 약간의 차이가 있긴 하지만, 7위까지의 순위는 동일했다. 상위 10위의 시장 점유율은 2007년 67%에서 2011년 75.3%로 상승했다.

주요 종자기업을 국가별로 살펴보면, 미국에 본사를 두고 있는

---

10) 김수석 외, "종자산업의 도약을 위한 발전전략," 한국농촌경제연구원, 2013.12.

11) Philip H. Howard, "Visualizing Consolidation in the Global Seed Industry: 1996-2008," Sustainabililty Volume 1, Issue 4, 8 December 2009. http://www.mdpi.com/2071-1050/1/4/1266.

12) "Putting the Cartel before the Horse … and Farm, Seeds, Soil, Peasants, etc. Who Will Control Agricultural Inputs, 2013?," etc group, September 2013. http://www.etcgroup.org/sites/www.etcgroup.org/files/CartelBefore Horse11Sep2013.pdf.

13) http://www.etcgroup.org/files/publication/707/01/etc_won_report_final _color.pdf.

기업으로는 몬산토, 듀퐁 파이어니어, WinField(Land O Lakes), Dow AgroSciences 등이 있고, 독일에 본사를 둔 기업으로 KWS, Bayer Cropscience가 있으며, 일본에는 Sakata, Takii가 있다. 이 밖에 스위스(Syngenta), 프랑스(Vilmorin)에 각각 1개씩의 주요 종자기업이 소재한다.

[표 4] 2011년 10대 종자기업 (ETC, 2013)

Rank	Company	Seed Sales, 2011 US$ millions	% Market Share
1.	Monsanto (USA)	8,953	26.0
2.	DuPont Pioneer (USA)	6,261	18.2
3.	Syngenta (Switzerland)	3,185	9.2
4.	Vilmorin (France) (Groupe Limagrain)	1,670	4.8
5.	WinField (USA) (Land O Lakes)	1,346 (est.)	3.9
6.	KWS (Germany)	1,226	3.6
7.	Bayer Cropscience (Germany)	1,140	3.3
8.	Dow AgroSciences (USA)	1,074	3.1
9.	Sakata (Japan)	548	1.6
10.	Takii & Company (Japan)	548	1.6
Total Top 10		25,951	75.3

한편, 주요 종자기업들 중에는 작물보호제를 함께 취급하고 있는 농화학회사들이 많이 있다. 2011년 기준으로 전 세계 작물보호제 시장의 선두 기업들인 신젠타, Bayer, BASF, Dow, 몬산토, 듀퐁 등이 모두 주요 종자회사로 자리매김하고 있다.[14]

---

14) http://www.etcgroup.org/sites/www.etcgroup.org/files/CartelBefore Horse11Sep2013.pdf.

[표 5] 2011년 11대 농화학기업 (ETC, 2013)

Rank	Company (Headquarters)	Crop Protection Sales, 2011 US$ millions	% Market Share
1.	Syngenta (Switzerland)	10,162	23.1
2.	Bayer CropScience (Germany)	7,522	17.1
3.	BASF (Germany)	5,393	12.3
4.	Dow AgroSciences (USA)	4,241	9.6
5.	Monsanto (USA)	3,240	7.4
6.	DuPont (USA)	2,900	6.6
7.	Makhteshim-Agan Industries (Israel) acquired by China National Agrochemical Company, Oct. 2011	2,691	6.1
8.	Nufarm (Australia)	2,185	5.0
9.	Sumitomo Chemical (Japan)	1,738	3.9
10.	Arysta LifeScience (Japan)	1,504	3.4
11.	FMC Corporation (USA)	1,465	3.3
Total Top 10		41,576	94.5
Total top 11		43,041	97.8

(2) 주요 종자기업

1) 몬산토

몬산토는 원래 의약품, 석유화학제품, 제초제 등을 생산하던 기업인데, 1990년대부터 제초제 저항성 및 해충 저항성 유전자변형 (GM) 종자 개발에 집중하면서 종자기업으로 변신하였다. 몬산토는 수많은 종자회사들을 인수·합병하는 전략을 통해 세계 최대의 종자기업이 되었다. 대표적인 인수합병 사례들로는 1997년 Asgrow의 작물종자 부분과 Calgene을 인수하였고, 1998년에는 Dekalb와 Cargill의 종자영업부를 인수하였으며, 2005년에는 Seminis를 인수하였다. 아울러 2004년에는 옥수수 및 콩 종자회사인 ASI를 자회사로 설립하였다.[15]

----

15) 김수석 외, "종자산업의 도약을 위한 발전전략," 한국농촌경제연구원, 2013.12, 55면.

주요 사업분야는 '종자 및 생명공학작물' 사업과 '작물보호' 사업의 두 부분인데, 특히 유전자 변형 종자(GMO)와 제초제 등 작물보호제를 결합하여 판매하는 전략을 통해 큰 성공을 거두었다. 예를 들어 자사의 제초제인 '라운드업'과 라운드업에 내성을 지닌 GM 종자인 '라운드업 레디'를 패키지로 판매하는 형태이다.16) 이 밖에, 종자산업의 대상이 식품 및 사료생산뿐 아니라 건강보조제, 바이오 연료 등 산업용 소재로 확대됨에 따라 새로운 기능성 유전자 변형 종자를 개발하여 출시하는 전략을 취하고 있으며, 기후변화에 대비한 '내재해성(climate ready)' 종자 개발에 주력하고 있다. 2013년도 매출액 149억 달러 중에서, 종자와 유전 형질 제품의 매출이 103억 달러를 차지하고 있는 것으로 나타났다. 회사는 판매 수치를 구체적으로 나누지 않았지만 종자 매출의 대부분이 유전자 변형 종자에서 나온 것이라고 밝혔다. 지난 3년간 수익이 20% 이상 성장했지만 여러 국가의 규제 강화와 GMO의 금지 또는 제품 출시를 지연시키는 것과 같은 정치적 난관에 직면하고 있다고 한다.17)

몬산토는 연차보고서를 통해 자사가 종자 및 유전학 분야에서 전세계적으로 많은 기업 및 기관들과 경쟁하고 있다고 밝히고 있다. 식량작물과 채소작물 분야에서 세계적으로는 수많은 다국적 농화학 기업들과 경쟁하고 있으며, 지역에서도 수많은 중소기업들과 경쟁하고 있다. 그런데 대다수의 종자시장 경쟁자들은 몬산토의 생식질(germplasm) 또는 생명공학 형질(biotechnology traits)에 대한 라이선시들이기도 하다. 어떤 국가들에서는 국가 소유의 종자 회사들과 경쟁하고 있다. 몬산토의 생명공학 형질은 하나의 시스템으로서(농화학의 적용을 포함한) 다른 관행(practices)과 경쟁하고, 다른 회사

---

16) 위의 보고서, 55면.

17) http://www.biosafety.or.kr/bbs/mboard.asp?exec=view&strBoardID=
bsn_001&intPage=1&intCategory=6&strSearchCategory=ㅣs_nameㅣs_subj
ectㅣ&strSearchWord=&intSeq=72835.

들에 의해 개발된 형질과 경쟁한다. 몬산토의 잡초 및 해충 제어 시
스템은 다른 농화학 및 종자회사들에 의해 생산된 농약 및 종자 제
품들과 경쟁한다. 바이오기술 또는 유전학에 기반하여 새로운 형질
을 발견하려는 노력도 메이저 글로벌 농화학 기업들과 중소 바이오
기술 연구 기업 및 기관들, 정부 지원 프로그램 및 학계(academic)
기관들과 경쟁하고 있다. 바이오기술 형질 개발을 가능하게 하는
기술들도 아카데믹 연구자들이나 바이오기술 연구 기업들로부터
나온다. 몬산토의 기술을 라이선스 조건의 범위를 넘어서서 사용하
는 경쟁자들도 있고, 종자를 저장하여 다음 해에 사용하는 농부들
도 경쟁 상황에 영향을 미친다.[18]

2) 듀퐁 파이어니어

듀퐁 파이어니어는 듀퐁이 Pioneer Hi-Bred를 인수한 후 회사명
을 듀퐁 파이어니어로 변경한 기업이다. Pioneer Hi-Bred는 미국에
서 처음으로 상업용 잡종 옥수수 종자를 판매하기 시작한 기업이
다. 1924년 Henry Wallace가 최초의 상업용 잡종 옥수수 종자를 판
매하기 시작하였고, 1926년 Hi-Bred Corn Company를 설립하였으
며, 1935년 회사명을 Pioneer Hi-Bred Corn Company로 변경하였
다. 1973년에는 Peterson Seed Company를 인수하여 대두(Soybean)
제품 라인을 확보하였고, 1975년에는 면화 종자 사업을 하고 있던
Lankhartt와 Lockett를 인수하였다. 1997년 듀퐁은 Pioneer의 주식
을 20% 확보하였고, 1999년 나머지 80%를 확보하였으며, 2012년
회사명을 DuPont Pioneer로 변경하였다.[19]

듀퐁 파이어니어의 종자부문 매출액은 2011년, 2012년, 2013년

---

18) Monsanto, 2013 Annual Report. http://www.monsanto.com/investors/
     documents/annual%20report/2013/2013-monsanto-10-k.pdf.
19) http://en.wikipedia.org/wiki/DuPont_Pioneer.

각각 회사 전체 매출액의 19%, 21%, 23%에 달한다. 파이어니어는 특히 하이브리드 옥수수, 대두(soybean), 카놀라, 해바라기, 밀 및 벼 종자 분야에 집중하고 있다. 예를 들면, 하이브리드 옥수수 분야에서는 가뭄 및 질소 효율성(drought and nitrogen efficiency), 해충 및 제초제 저항성을 위한 프로그램을 진행하고 있으며, 콩 종자 분야에서는 높은 올레산 함유율과, 복수의 제초제 및 해충 저항성을 가진 제품을 개발하기 위한 프로그램을 진행하고 있다.[20]

듀퐁 파이어니어는 전 세계에 걸쳐 종자생산시설을 보유하고 있다. 종자 생산은 자사가 직접 수행하거나, 제3자와의 계약을 통해 진행되기도 한다. 파이어니어의 종자 생산 능력은 주로 날씨 조건과 계약 재배자의 가용성에 좌우된다. 파이어니어의 종자 제품은 주로 the Pioneer®brand로 마케팅하고 있지만, 때로는 추가적인 브랜드 이름들을 이용하여 판매 및 배포되기도 한다. 미국 지역에서의 옥수수 및 콩 시장에서는 주로 독립 판매자들을 통해 Pioneer®brand 제품으로 판매된다. 북미 이외의 지역에서는 자회사, 조인트 벤처 및 독립 생산-배포자들의 네트워크를 통해 마케팅 및 판매된다.[21]

듀퐁 파이어니어의 연구개발은 특정한 지역에 맞도록, 높은 생산량을 가지는 생식질(germplasm)과 부가가치가 높은 형질(traits)을 결합한 종자를 공급하는 데 초점을 맞추고 있다. 이때 필요한 천연(native) 및 생명공학(biotechnology) 형질은 자사가 소유한 것이거나 때로는 타 기업으로부터 라이선스를 받기도 한다. 이와 같은 분야의 연구개발은 상당히 오랜 기간 동안 필요한 자원을 투입해야 하고, 규제 문제에 맞서야 하며, 다른 기업들과의 협력을 필요로 한다.

---

20) Dupont, 2013 Annual Report. http://investors.dupont.com/files/doc_downloads/DD-12.31.2013-10K%20FILED%20-%202.5.14.pdf.
21) Ibid.

이러한 투자를 보호하기 위해 파이어니어는 각국의 법률에 따라 생
식질과 (천연 및 유전공학) 형질을 포괄하는 특허를 취득하게 된
다.[22]

3) 신젠타

신젠타는 스위스의 바젤에 본사를 두고 있으며, 2000년 노바티스
의 작물보호제 및 종자사업부와 AstraZenenca의 농약사업부가 각
각 모기업에서 분리·합병되어 창설된 기업이다. 2004년 Advanta
BV와 Golden Harvest를 인수하고, 2007년 Zeraim Gedera와
Fischer를 인수했으며, 2008년 Goldsmith를 인수하였다. 2013년 연
차보고서에 의하면, 전 세계 90개국에 진출해 있으며, 종업원 수는
28,149명에 이른다.[23]

[표 6] 지역별 매출액 등 (신젠타, 2013)

Europe, Africa and Middle East		North America		Latin America		Asia Pacific	
Sales $m	4,223	Sales $m	3,848	Sales $m	3,991	Sales $m	1,935
Employees	12,763	Employees	4,654	Employees	5,221	Employees	5,511
Research and Development sites	47	Research and Development sites	42	Research and Development sites	14	Research and Development sites	36
Production and Supply sites	38	Production and Supply sites	37	Production and Supply sites	14	Production and Supply sites	24

주요 사업 분야는 종자 부문과 작물보호제 부문이다. 2013년 그
룹 매출은 147억 달러에 이르며, 이 중 작물보호제 부문은 109억 달
러이고, 종자부문 매출은 32억 달러이다.[24] 작물 종류별 매출액은

22) Ibid.
23) Syngenta,, 2013 Annual Report. http://www.syngenta.com/global/corpo
rate/en/investor-relations/financial-information-and-presentations/Pages/
annual-reports.aspx.
24) Ibid.

다음과 같다.[25)]

[표 7] 작물 종류별 매출액 (신젠타, 2013)

Crop sales $m	2013
■ Corn	3,560
■ Cereals	1,772
■ Diverse field crops	1,428
■ Rice	653
■ Soybean	2,577
■ Specialty crops	2,004
■ Sugar cane	290
■ Vegetables	1,701
■ Lawn and Garden	691

---

25) Ibid.

2 육종기술과 품종보호권

(1) 육종기술의 발전과 품종보호제도의 형성

20세기 초 미국의 George Shull은 훗날 옥수수 육종의 기초를 이루게 되는 잡종강세성(Hybrid vigour)을 제안하였다. 잡종강세는 잡종 F1이 양친보다 생활력이나 생육량 등에서 우수한 현상을 말한다. George Shull이 제안한 내용은 방임수분품종을 자식과정을 통해 근교계(Inbred line)를 만든 후, 순수계통끼리 교잡한 단교잡종을 만들면 생산성이 향상된다는 내용이었다. 그런데, 잡종(Heterosis)이라는 특성은 자손에게 유전되지 않아 생산량 증대는 F1세대에 머무르게 된다. 그 결과 농부들은 생산성 향상을 위해 잡종 종자를 파종하지만 파종시마다 새로운 종자를 구입해야 했다. 그리고 이 과정에서 새로운 종자를 판매하는 기업이 등장하였고, 종자시장이 형성될 수 있었다. 다만, 이러한 잡종강세성을 이용하는 육종은 자화수분 하는 밀, 쌀과 같은 경제적으로 중요한 작물의 경우에는 적용될 수 없었다.[26]

그런데 새로운 품종을 육성하기 위해서는 10~15년의 기간이 소요되는 등 많은 시간과 노력이 투여되는 반면, 일단 새로운 품종이 육성되어 공개되면 많은 경우 다른 사람들에 의해 쉽게 재생산되어 그것을 개발한 육종가가 자신의 투자에 대해 적절한 보상을 받을 수 있는 기회를 박탈해 버림으로써 의욕을 상실하게 만든다.[27] 따

---

[26] 박재현, "식물특허법 개정에 따른 종자관련 발명의 지재권 보호방안 연구," 특허청, 2009, 5면.

라서 식물 육종분야에 있어서 개인 육성자, 발명자에게 그 신품종
의 개발에 이르기까지의 시간과 노력, 재정적인 면 등에 있어서 그
대가로서 지식재산권을 부여하여 보호할 필요가 있는 것이다.[28] 이
밖에도 종자에 대해 지식재산권을 부여함으로써 정부 또는 공공부
분의 역할을 줄이고 민간부문을 통해 품종육성 및 종자생산을 할
수 있다는 점 등을 지적하기도 한다.[29]

1) 미국의 식물특허제도

20세기 초까지 미국 정부는 각종 프로그램을 통해 농부들에게 종
자를 무상으로 공급해 왔다. 이에 대해 종자회사들은 미국종자거래
협회(American Seed Trade Association)를 조직하고 정부가 농부에게
무상으로 종자를 제공하는 것을 중단할 것을 요구하는 등 그 세력
을 넓혀 나가기 시작했다. 결국 정부는 농부들에 대한 종자 무상제
공을 단계적으로 축소하였고, 다른 한편으로는 잡종개발연구를 지
원하였다. 그런데 밀과 같은 주요 식량의 잡종화는 쉽지 않았고 이
러한 품종의 이용과 생산을 통제하기 위한 새로운 지식재산권 보호
의 필요성이 대두되었다.[30]

미국의 「식물특허법」(The Plant Patent Act)은 미국 특허법 내의 식
물특허에 관한 규정이다. 식물특허법이 채택되기까지는 식물발명
의 특허보호가 인정되지 않았다. 당시까지 인공육종식물을 포함한
식물은 자연물로서 인정되어 특허보호대상에는 해당되지 않는다고

---

27) 최근진 외, "식물 신품종 육성자권리 보호제도 도입의 영향," 지식재산연
    구 제5권 제3호, 2010.9, 124~126면.
28) 박재현, "식물특허법 개정에 따른 종자관련 발명의 지재권 보호방안 연
    구," 특허청, 2009, 4면.
29) 최근진 외, "식물 신품종 육성자권리 보호제도 도입의 영향," 지식재산연
    구 제5권 제3호, 2010.9, 127면.
30) 이윤원, "식물특허법 개정에 따른 종자관련 발명의 지재권 보호방안 연
    구," 특허청, 2009, 6면.

하는 인식이 넓게 존재하고 있었고, 식물이 미국 특허법 제112조에
서의 「기재」요건에 해당되지 않는 것이라고 인식되었기 때문이다.
하지만, 미연방의회는 식물육종가가 기여한 공헌, 특히 농업과 원예
에 대한 공헌에 대하여 법적으로 보상할 필요가 있다고 인식하고,
1930년 식물특허법(The Plant Patent Act)을 채택하였다. 처음에 종자
회사들은 유성번식과 무성번식을 구분하지 않고 특허법 체계를 통
해 종자를 보호하고자 했다. 하지만 이러한 시도가 쉽지 않음을 알
고, 무성 번식하는 식물에 한정하여 식물특허법 제정에 성공하였
다.[31]

미국 특허법은 제161조부터 제164조까지 식물특허에 관한 규정
을 두고 있다. 보호의 대상이 되는 식물품종은 "괴경번식식물 또는
야생식물의 경우를 제외하고, 재배된 원예품종, 돌연변이에 의한 품
종, 교잡종 및 새롭게 발견된 묘목을 포함한, 구별되고 신규한 식물
품종"이며, 이러한 식물품종을 발명 또는 발견하고 그것을 무성번
식시킨 자는 식물특허법에서 정하는 요건에 따라 그 품종에 관하여
특허를 받을 수 있다.[32]

일반특허의 요건인 신규성, 유용성, 비자명성이 식물특허에서도
요구되지만, 식물특허에서는 실질적으로 신규성, 구별성(Distinct-

---

31) Mark D. Janis, and Jay P. Kesan, "U.S. Plant Variety Protection: Sound
    and Fury … ?" (2002). Faculty Publications. Paper 430. http://www.repo
    sitory.law.indiana.edu/facpub/430.

32) 35 U.S.C. 161 Patents for plants.

    Whoever invents or discovers and asexually reproduces any distinct
    and new variety of plant, including cultivated sports, mutants, hybrids,
    and newly found seedlings, other than a tuber propagated plant or a
    plant found in an uncultivated state, may obtain a patent therefor, subject
    to the conditions and requirements of this title.

    The provisions of this title relating to patents for inventions shall apply
    to patents for plants, except as otherwise provided.

ness)을 요구하고 있다. 식물특허의 구별성이란 그 식물이 다른 기존의 식물로부터 명확히 구분될 수 있음을 의미한다. 하지만 다른 식물보다 우수성을 요구하는 것은 아니며, 다른 품종과 현저하게 구별할 수 있으면 족하다. 즉, 일반특허에서의 유용성, 비자명성 요건이 식물특허에서는 구별성 요건으로 치환되었다고 볼 수 있다.

식물특허는 명세서가 가능한 합리적으로 완전하다면, 제112조에 부합하지 않더라도 무효로 되지 않는다. 청구항은 해당 식물에 대한 공식적인 용어를 사용해야 한다.33) 일반특허의 명세서 기재요건을 규정한 특허법 제112조에 규정된 명세서의 "완비, 명확, 간결 및 정확"요건은 식물특허에서는 특허법 제162조에 규정되어 있는 명세서의 "합리적으로 가능한 정도" 요건으로 변경되었다. 일반특허에서 요구하는 실시가능성(Enablement)은 요구되지 아니하고, 보정에 의하여 새로운 사항(new matter)을 추가하는 것도 가능하다.

식물특허의 권리범위에 대해서는 제163조에서 규정하고 있다.34) 동 규정에 의하면, 식물특허권자는 등록된 무성번식식물에 대해 타인이 그 식물을 무성번식시키는 것과 그 무성번식시킨 식물 또는 식물의 일부를 사용, 판매를 위한 양도, 판매, 수입하는 행위를 배제할 수 있다. 일반특허와 비교할 때, '생산'이라는 개념 대신 '번식

---

33) 35 U.S.C. 162 Description, claim.

No plant patent shall be declared invalid for noncompliance with section 112 of this title if the description is as complete as is reasonably possible.

The claim in the specification shall be in formal terms to the plant shown and described.

34) 35 U.S.C. 163 Grant.

In the case of a plant patent, the grant shall include the right to exclude others from asexually reproducing the plant, and from using, offering for sale, or selling the plant so reproduced, or any of its parts, throughout the United States, or from importing the plant so reproduced, or any parts thereof, into the United States.

(reproducing)'이라는 용어를 사용하고 있는 것이 특징이다. 존속기
간은 일반특허와 동일하게 특허출원일로부터 20년간이다.

1963년 이후 미국 식물특허의 출원 및 등록 현황은 다음과 같
다.[35] 1960년대 매년 100여 건에 머물던 식물특허 출원은 2000년대

[표 8] 1963-2013 미국 식물특허 출원 및 등록 현황

연도	출원	등록	연도	출원	등록
1963	145	129	1989	383	587
1964	120	128	1990	418	318
1965	108	120	1991	463	353
1966	104	114	1992	354	321
1967	103	85	1993	361	442
1968	95	72	1994	459	499
1969	111	103	1995	452	387
1970	188	52	1996	665	362
1971	155	71	1997	621	394
1972	135	199	1998	720	561
1973	118	132	1999	863	420
1974	155	261	2000	797	548
1975	150	150	2001	944	584
1976	175	176	2002	1,144	1,133
1977	188	173	2003	1,000	994
1978	194	186	2004	1,221	1,016
1979	196	131	2005	1,222	716
1980	220	117	2006	1,151	1,149
1981	178	183	2007	1,049	1,047
1982	188	173	2008	1,209	1,240
1983	255	197	2009	959	1,009
1984	253	212	2010	992	981
1985	231	242	2011	1,139	823
1986	320	224	2012	1,149	860
1987	385	229	2013	1,406	847
1988	377	425			

---

35) 미국 특허청의 특허통계(http://www.uspto.gov/web/offices/ac/ido/oe
ip/taf/us_stat.htm) 중 식물특허부분 참조.

에 들어서는 매년 1,000여 건에 달하고 있으며, 2013년에는 1,400건
을 넘어섰다.

[그림 2] 1963-2013 미국 식물특허 출원 및 등록 동향

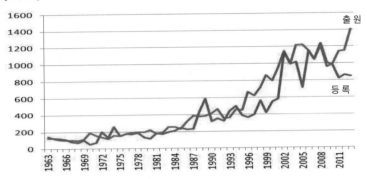

2013년까지 국가별 미국 식물특허 부여 현황은 다음과 같다.³⁶⁾
미국 이외에 네덜란드와 독일 기업들이 상당한 출원을 했음을 알
수 있다.

[표 9] 미국 식물특허의 국가별 현황

Country of Origin	Number of grants
U.S. origin	7,580
Netherlands	2,925
Germany	2,174
Japan	844
Denmark	709
United Kingdom	706
France	548
Australia	516
Israel	338
Belgium	272

36) http://www.statista.com/statistics/256674/number-of-plant-patent-gran
ts-in-the-us-by-country-of-origin.

2) UPOV 조약

식물품종의 보호를 위한 국제적인 노력의 일환으로 프랑스, 독일, 영국, 네덜란드가 중심이 되어 1961년 식물신품종보호동맹(International Union for the Protection of New Varieties of Plants)이 체결되고 1968년 발효되었다. 동 조약은 1972년 1차 개정, 1978년 2차 개정, 1991년 3차 개정이 있었다. 우리나라는 2002년 UPOV에 50번째로 가입하였는데, 이미 조약 가입전인 1995년 종자산업법 제정을 통해 UPOV상의 내용을 대부분 수용하고 있었다. 이하에서는 UPOV에서 인정되는 품종보호권에 대해 우리나라가 가입한 1991년 개정판을 중심으로 살펴보도록 한다.

UPOV상 육종가의 권리로 보호받기 위해서는 출원된 품종이 신규성, 구별성, 균일성, 안정성의 요건을 갖추어야 한다.[37] 신규성은 출원된 품종이 기존에 존재하지 않던 새로운 품종인 경우에 인정된다. 조약에서는 육종가의 권리 신청이 접수된 시점에서 증식되거나 수확된 식물의 품종이 육종가의 동의에 따라 계약 당사자의 영토 내에서는 육종가의 권리 신청 날짜를 기준으로 1년 이내에, 계약 당사자의 영토 밖에서는 4년 이내(나무나 덩쿨 식물의 경우 6년 이내)에 그 종을 이용할 목적으로 판매하거나 다른 사람에게 처분한 적이 없는 경우 그 품종은 신규성이 있는 것으로 간주한다(제6조). 구별성은 어떤 새로운 품종을 신청할 당시 그 특성이 일반인에게 알려진 다른 품종과는 분명히 차이가 있을 때 인정된다. 어느 한 나라에서라도 품종에 대한 육종가의 권리 부여를 위한 출원 또는 공식 등

---

37) UPOV, Article 5 Conditions of Protection

　　(1) [Criteria to be satisfied] The breeder's right shall be granted where the variety is

　　　(i) new,

　　　(ii) distinct,

　　　(iii) uniform and

　　　(iv) stable.

록을 위한 출원이 이루어진 경우, 상기 타 품종은 그 출원일로부터 일반인에게 알려진 품종으로 간주된다. 단, 그 출원의 결과로서 품종에 관한 육종가의 권리가 부여되거나 공식 등록부에 등록되어 있어야 한다(제7조). 균일성은 어떠한 품종이 그 번식방법상 예상되는 변이를 고려한 상태에서 관련 특성이 충분히 균일할 경우에 인정된다(제8조). 안정성은 어떠한 품종이 반복 번식 후 또는 특수한 번식주기가 있는 경우에는 매 주기 종료 후에 관련 특성이 변하지 않는 경우에 인정된다(제9조).

육종가가 출원한 새로운 품종이 보호 요건을 충족하여 육종가의 권리가 부여되면, 육종가는 i) 생산 또는 증식, ii) 증식 목적의 조제, 처리, iii) 상품화, iv) 판매, v) 수출, vi) 수입, vii) (이상과 같은 목적으로) 비축할 권리를 가진다.38) 또한 육종가의 허락을 받지 않은 종묘를 이용해서 생산한 수확물과, 수확물로부터 직접 제조된 산물에 관하여 i)호에서 vii)호에 이르는 행위를 함에는 그 수확물이 식물체의 전체이든 일부이든, 육종가의 허락을 받아야 한다.39) 이와 같은 권리는 i) 보호품종으로부터 본질적으로 유래된 유사품종, ii) 보호품종과 확실히 구별할 수 없는 품종, iii) 보호품종을 반복적으로 사용하여야 생산이 가능한 품종에도 적용된다.40) 예를 들면 자연적

---

38) UPOV, Article 14 Scope of the Breeder's Right

    (1) (a) Subject to Article 15 and Article 16, the following acts in respect of the propagating material of the protected variety shall require the authorization of the breeder:

    (i) production or reproduction (multiplication),

    (ii) conditioning for the purpose of propagation,

    (iii) offering for sale,

    (iv) selling or other marketing,

    (v) exporting,

    (vi) importing,

    (vii) stocking for any of the purposes mentioned in (i) to (vi), above.

39) UPOV, Article 14(2), 14(3).

및 인위적 돌연변이나 체세포 변이의 선발, 원품종으로부터의 개체
변이의 선발, 여교잡 및 유전공학에 의한 형질전환 등으로 획득된
품종은 본질적으로 유래된 유사품종에 해당하여, 보호품종의 육성
자가 권리를 행사할 수 있다.[41]

UPOV상 육종가의 권리는 i) 사적 또는 비상업적 목적의 행위, ii)
실험 목적의 행위, iii) 다른 품종을 육성하기 위한 행위에는 미치지
않도록 하고 있다.[42] 아울러 체약국의 선택에 따라, 합리적인 범위
내에서 육성자의 적법한 이익을 보장하면서 어떤 품종에 관해서 농
민이 보호품종을 자신의 토지에 재배하여 수확한 산물을 자신의 토
지에서 증식목적으로 사용할 수 있도록 육성자권리를 제한할 수 있
다.[43] 이 밖에 체약국은 공공의 이익을 위해 육성자의 권리를 제한
할 수 있는데, 다만 이 경우 육성자가 적정한 보상을 받을 수 있도록
대책을 강구하여야 한다.[44] 그리고, 보호품종이 육성자 자신 또는
육성자의 승인을 받은 자에 의해서 관련 체약국에서 이미 판매되었
거나 어떤 다른 방법으로 유통되었던 적이 있으면, 당해품종의 재
료[45] 및 당해품종 재료로부터 재생산된 재료에 관련된 행동에 대하
여는, 당해품종의 재증식 등의 경우[46]가 아니면 육성자권리는 적용
되지 않는다.[47]

---

40) UPOV, Article 14(5).
41) UPOV, Article 14(5)(c).
42) UPOV, Article 15(1).
43) UPOV, Article 15(2).
44) UPOV, Article 17.
45) "재료"란 1) 어떤 종류이든 번식용 재료, 2) 식물체의 전체 또는 일부를 포
    함하는 수확물 및, 3) 수확물에서 직접 제조된 산물을 의미한다. UPOV,
    Article 16(2).
46) (ⅰ) 당해품종의 재증식, (ⅱ) 당해품종이 속하는 속 또는 종을 보호하지
    않기 때문에 당해품종의 무단증식이 허용되는 국가로 증식에 사용가능한
    재료를 수출하는 행위, 단 수출된 재료가 최종소비를 목적으로 하는 경우
    는 제외한다. UPOV, Article 16(1).

(2) 주요국의 품종보호제도 및 출원 현황

1) 미국 식물품종보호법

미국의 식물신품종 보호는 무성생식 식물을 대상으로 하는 식물특허제도에 의해 보호되어 왔기 때문에 식물품종보호법(The Plant Variety Protection Act: PVPA)이 제정되기 이전까지 유성생식 식물에 대한 보호가 이루어지지 못했다. 식물품종보호법은 1970년 제정된 것으로 이는 유성번식을 하는 식물을 보호하기 위해 제정된 법이다.

구비요건으로는 신규성, 구별성(Distintness), 균일성(Uniformity), 안정성(Stability)을 갖추어야 하며, 특히 구별성, 균일성 및 안정성의 3가지 요건이 보호요건의 핵심을 이룬다.[48] 일반특허와 비교할 때 비자명성 요건과 공개(disclosure) 요건에서 차이가 있다. 육성된 신품종이 품종으로서의 구비요건을 갖추고 등록요건인 품종의 명칭과 상업적 신규성이 인정되면 식물품종보호증(Plant Variety Protection Certificates)을 받을 수 있다.

보호품종의 권리자의 허락 없이 해당 품종을 판매 또는 마케팅, 수입 또는 수출, 증식하거나, 잡종 또는 다른 품종의 생산에 사용, 조제, 비축하는 등의 행위는 품종보호권에 대한 침해가 된다.[49] 하지만 시장에서 판매된 품종을 증식하는 행위, 사적이며 비영리적인 목적의 사용,[50] 농부의 자가채종을 위한 저장행위,[51] 다른 식물의 육종이나 선의의 연구 목적을 위해 사용하는 행위[52]는 침해에 해당

---

47) UPOV, Article 16(1).
48) 7 U.S.C. §2402 – Right to plant variety protection; plant varieties protectable.
49) 7 U.S.C. §2541 - Infringement of plant variety protection.
50) 7 U.S.C. §2541(e).
51) 7 U.S.C. §2543 - Right to save seed; crop exemption.
52) 7 U.S.C. §2544 - Research exemption.

하지 않는다.

PVP 등록 현황은 미국 농업부(United States Department of Agriculture)의 식물품종보호 사무국(Plant Variety Protection Office) 사이트를 통해 확인할 수 있다.53)

다음 그림은 1930년부터 2008년까지의 식물특허 출원, PVP 출원, 일반 특허 출원의 동향을 보여 주고 있다.

[그림 3] 미국 식물품종 관련 권리의 출원 동향 (Philip Pardey, 2013)

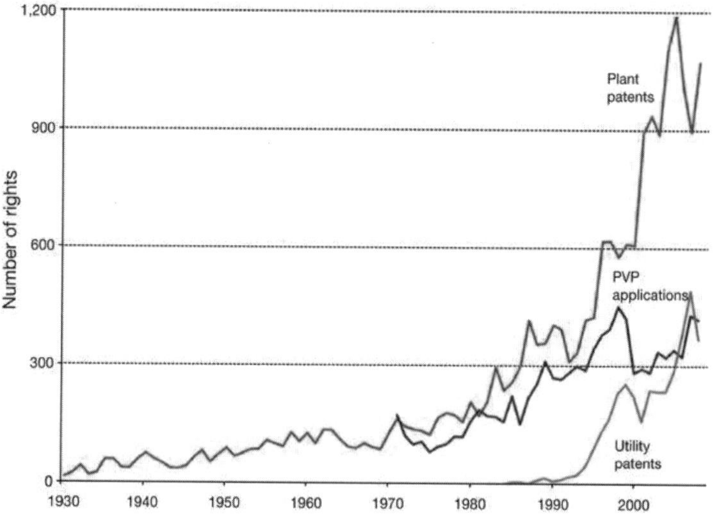

2) 일본 종묘법

일본은 종묘법(種苗法)을 통해 식물신품종을 보호하고 있다. 1947년 종묘법을 제정하였으며, 1982년에 1978년 UPOV 조약에 가입하였고, 1998년에 1991년 UPOV 조약에 가입하였다.

종묘법의 보호대상이 되는 품종이란 "중요한 형질에 관계되는 특

---

53) http://www.ars-grin.gov/cgi-bin/npgs/html/pvplist.pl.

성의 전부 또는 일부에 의하여 다른 식물체의 집합과 구별할 수가 있으며 또한 그 특성의 전부를 유지하면서 번식시킬 수 있는 하나의 식물체의 집합"을 말한다.[54] 이와 같은 품종 중에서 품종등록 출원 전에 일본 국내 또는 외국에서 공연히 알려진 다른 품종과 특성의 전부 또는 일부에 의하여 명확하게 구별되고, 동일한 번식 단계에 속하는 식물체의 모두가 특성의 전부에 있어서 충분히 유사하며, 반복하여 번식시켜도 특성의 전부가 변화하지 않는 품종은 품종등록을 받을 수 있다.[55]

품종등록이 이루어진 경우 출원인은 육성자권을 갖게 되며, 육성자권을 갖는 자는 등록품종 및 해당 등록품종과 특성에 의하여 명확하게 구별되지 않는 품종을 업으로서 이용하는 권리를 독점한다.[56] 이때 품종을 '이용'한다는 의미는 그 품종의 종묘(식물체의 전부 또는 일부로서 번식에 사용되는 것)를 생산, 조정(調整), 양도의 신청, 양도, 수출, 수입하거나 또는 이 행위들을 할 목적을 가지고 보관하는 행위를 말하며, 수확물 및 가공품에 관한 이와 같은 행위들도 포함한다.[57]

하지만, 육성자권의 효력은 일정한 경우에 제한된다. 예를 들면, 신품종의 육성, 기타 시험 또는 연구를 위한 품종의 이용에는 육성자권이 미치지 않는다. 또한 농업자가 등록품종의 종묘를 이용하여 수확물을 얻고 그 수확물을 자기의 농업경영에서 종묘로 이용하는 행위도 원칙적으로 제외되기는 하지만, 그것을 제한하는 계약을 체결하였거나, 또는 아래 표와 같이 성령으로 정하는 영양번식을 하는 식물품종에 대해서는 육성자권의 효력이 미친다.[58]

---

54) 일본 종묘법 제2조 2호.
55) 일본 종묘법 제3조.
56) 일본 종묘법 제20조.
57) 일본 종묘법 제2조 5호.
58) 일본 종묘법 제21조.

초화류(19종류)	알스트로메리아, 오돈토글롯섬(オドントグロッサス), 온시디움, 안개초, 카틀레아, 거베라, 칼랑코에, 크레마티스, 게발선인장, 심비디움, 센타폴리아, 튜울립, 덴드로비움, 패랭이꽃, 페튜니아, 펠라고니움, 봉선화, 제비붓꽃, 카네이션
관상수(3종류)	수국, 장미, 포인세티아
버섯류(1종류)	표고버섯

일본에서의 종묘법에 의한 출원 및 등록 동향은 다음과 같다.[59] 1978년 이후 지속적으로 증가하다가, 2007년 출원 및 등록 건수 각각 1,533건 및 1,432건을 정점으로 이후에는 감소추세에 있는 것으로 보인다.

[표 10] 연도별 출원 및 등록 현황

년도	출원	등록	년도	출원	등록
1978	13	0	1996	1,027	540
1979	103	47	1997	1,043	779
1980	168	51	1998	878	784
1981	286	140	1999	821	954
1982	255	151	2000	942	905
1983	347	196	2001	1,157	1,210
1984	354	236	2002	1,002	1,119
1985	377	197	2003	1,280	698
1986	388	295	2004	1,337	1,132
1987	463	300	2005	1,385	1,110
1988	586	298	2006	1,290	1,235
1989	497	237	2007	1,533	1,432
1990	623	478	2008	1,246	1,192
1991	783	477	2009	1,112	1,355
1992	780	468	2010	1,013	1,270
1993	750	478	2011	1,117	964
1994	983	479	2012	1,162	812
1995	960	536	2013	1,027	830

59) http://www.hinsyu.maff.go.jp/tokei/contents/2_2014suii.pdf 참조.

[그림 4] 종묘법에 의한 출원 및 등록 동향

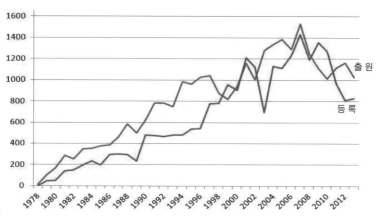

주요 출원인으로는 식용작물의 경우 국가와 지자체의 비율이 상대적으로 높은 반면 초화류, 관상류, 과수, 야채의 경우에는 종묘회사나 개인의 비율이 상대적으로 높게 나타나고 있다.[60]

[표 11] 작물 종류별 출원인 유형에 따른 출원 건수

	출원건수												
	합 계		개 인	종자회사	식품회사 등	농 협	지자체	정 부
식용작물	1,469	(5%)	123	63	131	21	712	419
공예작물	241	(1%)	35	8	62	0	58	78
뽕나무	16	(0%)	0	0	0	0	1	15
야 채	1,875	(6%)	299	649	266	45	468	148
과 수	1,528	(5%)	657	250	64	57	323	177
사료작물	389	(1%)	7	89	45	3	92	153
화초류	18,152	(62%)	5,236	11,131	673	249	754	109
관상수	5,035	(17%)	1,781	2,970	136	1	102	45
임목	39	(0%)	12	1	9	0	8	9
해초	18	(0%)	1	0	3	5	9	0
기타	543	(2%)	17	284	151	10	79	2
합 계	29,305	(100%)	8,168 (28%)	15,445 (53%)	1,540 (5%)	391 (1%)	2,606 (9%)	1,155 (4%)

60) http://www.hinsyu.maff.go.jp/tokei/contents/3_2014gyoshubetsu.pdf 참조.

3) 중국 식물신품종보호조례

중국 국무원은 1997년 3월 「중화인민공화국 식물신품종보호조례」를 공포하였고, 농업부는 1999년 시행세칙을 제정하였다. 또한, 1999 년에는 UPOV(1978년판) 조약에 가입하였다. 이와 같은 품종 지식재산권 보호체계의 구축을 통해 종자산업 기술시장의 형성에 대한 법적 기초를 마련하였다.[61][62]

식물신품종보호조례에 의해 보호를 받기 위해서는 식물신품종이 참신성, 특이성, 일치성 및 안정성을 갖추어야 한다.[63] 참신성이란 품종권을 신청한 식물신품종이 신청일 이전에 당해 품종번식재료가 판매된 적이 없거나, 육종자의 허가를 받아 중국 국내에서 당해 품종번식재료가 판매된 후, 1년이 되지 아니하였거나, 국외에서 등과식물 林木, 과수와 관상수목, 품종번식재료를 판매한 후 6년이 경과되지 않았거나, 기타 식물품종번식재료 판매가 4년이 경과되지 않은 것을 가리킨다. 또한 특이성이란 품종권을 신청한 식물신품종은 신청서를 제출하기 이전에 이미 알고 있는 식물품종과 명백하게 구분되는 것을 말하며,[64] 일치성이란 품종권을 신청한 식물 신품종이 번식을 거쳐 예견할 수 있는 변이를 제외하고는 그것과 관련된 특징 또는 특성이 일치하는 것을 말한다.[65] 마지막으로 안정성이란 품종권을 신청한 식물신품종이 반복번식을 거친 후 또는 특정번식

---

61) http://www.krei.re.kr/web/www/50;jsessionid=FFF76324F6728A03E
BF723B0F3B1F3C4?p_p_id=EXT_BBS&p_p_lifecycle=1&p_p_state=exclu
sive&p_p_mode=view&p_p_col_id=column-1&p_p_col_count=1&_EXT_
BBS_struts_action=%2Fext%2Fbbs%2Fget_file&_EXT_BBS_extFileId=1580
9.
62) http://www.seed.go.kr/administration/overseas/overseas_view.jsp?
seq=40&npage=16&category=0&key=&keyword=.
63) 식물신품종보호조례 제2조.
64) 식물신품종보호조례 제15조.
65) 식물신품종보호조례 제16조.

[표 12] 중국의 종자관련 규범의 역사 (국립종자원, 2003)

공포일시	관련법규 및 통과 안건	공포기관	비고
1989. 3.13.	〈중화인민공화국 종자관리 조례〉	국무원	
1997. 3.20.	〈중화인민공화국 식물신품종보호 조례〉	국무원령 제213호령	1997년 10월 1일부터 시행
1997. 9.8.	〈외국이 투자한 농작물종자기업 심사비준과 등록관리에 관한 규정〉	농업부, 국가계획위원회, 대외무역경제합작부, 국가공상행정관리국	
1998. 8.29.	UPOV 가입을 결정	중화인민공화국 제9회 전국인민대표대회 상무위원회 제4차 전체회의	국제식물신품종보호조약 (1978년 협약)에 가입
1999. 4.23.			UPOV 정식 회원국이 됨
1999. 6.16.	〈중화인민공화국 식물신품종보호 조례실시세칙〉(농업 및 임업부문)	농업부령 제13호령	공포 즉시 시행
2000. 7.8.	〈중화인민공화국 종자법〉	제9회 전국인민대표대회 상무위원회 제16차 회의	10월 11일부터 시행
2001. 2.26.	〈주요농작물 품종심사 방법〉 〈농작물종자 생산판매허가증 관리방법〉 〈농작물종자 상표관리 방법〉 〈농작물 상품종자 가공포장 규정〉 〈주요농작물 범위 규정〉	농업부령 제44호령 농업부령 제48호령 농업부령 제49호령 농업부령 제50호령 농업부령 제51호령	

주기가 종료되었을 때 그와 관련된 특정 또는 특성이 보존되어 변하지 않는 것을 가리킨다.[66]

식물신품종보호조례실시세칙(농업부문)에 의하면, 농업식물신품종은 식량, 목화, 유지류, 마류, 당류, 채소(메론 포함), 담배, 뽕나무, 차나무, 과수(견과류 제외), 관상식물(목본제외), 초화류, 녹비작물, 초본성 약재 등 식물과 고무 등 열대작물의 신품종을 포함한다.

품종권을 취득한 경우, 권리자는 권한을 부여받은 품종에 대하여 배타적 독점권을 향유한다. 어떤 개인 또는 단체도 품종권자의 허가를 받지 아니하고는 상업목적으로 당해 권한을 부여받은 품종의 번식재료를 중복하여 또 다른 번식재료에 사용해서는 안 된다.[67] 이때 번식재료란 식물의 번식을 위한 종자와 식물체의 전체 부분으로 과실, 뿌리, 줄기, 묘, 잎, 싹(눈) 등을 말한다.[68] 다만, i) 권한을 부여받은 품종을 이용한 육종 및 기타 연구활동이나, ii) 농민 자신이 번식하여 번식재료를 자신이 사용하는 경우에는 품종권자의 허가를 받지 아니하고, 그에게 사용료를 지불하지 않아도 된다.[69]

국가이익 또는 공공이익을 위하여 승인기관은 식물신품종에 대한 강제허가의 결정을 할 수 있다.[70] 식물신품종보호조례실시세칙(농업부문)에서는 국가이익 또는 공공이익을 위해 필요한 경우이거나, 품종보호권자가 정당한 이유없이 실시하지 않으면서도 타인이 합리적 조건으로 실시하는 것을 불허하는 경우, 또는 중요 농작물 품종일 경우 품종보호권자가 이미 실시를 하고 있지만 국내시장수

---

66) 식물신품종보호조례 제17조.
67) 식물신품종보호조례 제6조.
68) 식물신품종보호조례실시세칙(농업부문) 제5조
69) 식물신품종보호조례 제10조.
70) 식물신품종보호조례 제11조.

요를 현저히 만족시키지 못하는데도 불구하고 타인이 합리적인 조
건으로 실시하는 것을 불허하는 경우에 농업부가 생산, 판매 등 신
품종에 대한 강제실시허가를 결정할 수 있도록 하고 있다.[71]

한편 2007년 1월 중국 최고인민법원은 「식물신품종보호권 침해
분쟁안건 심리에 대한 최고인민법원의 구체적인 법률 적용에 관한
규정」을 공표하였다. 동 규정에 의하면, 권리자의 허락 없이 상업
목적으로 보호품종의 번식재료를 생산, 매매하거나 상업 목적으로
다른 품종의 번식재료를 생산하기 위해 기 등록된 보호품종의 번식
재료를 반복적으로 사용하는 경우 품종보호권의 침해로 인정된다.
그리고 품종권 침해로 고발된 품종의 특성이 보호품종의 특성과 같
거나 이들 특성의 불일치가 유전적 차이에 의해 야기된 것이 아닐
경우 원칙적으로 침해로 고발된 품종이 상업적 목적으로 보호품종
의 번식재료를 생산, 매매한 것에 해당한다고 본다. 또한 품종보호
권 침해로 고발된 자가 중복적으로 양친 또는 기타친으로 사용하기
위해 보호품종의 번식재료를 사용한 경우 인민법원은 일반적으로
보호품종의 번식재료를 상업목적으로 다른 품종의 번식재료 생산
을 위해 중복적으로 사용하였다고 본다.[72]

분쟁과 관련하여 전문적인 문제에 대한 검정을 요구하는 경우,
쌍방당사자간의 합의에 의해 검정자격이 있는 기관과 검정인을 지
정하여 검정할 수 있다. 합의가 이루어지지 않는 경우 인민법원이
지정한 기관과 검정인에 의해 검정하게 된다. 검정은 포장관찰,
DNA 분석 등의 방법을 통해 이루어질 수 있으며, 검정 결과에 대해
인민법원은 법에 의해 그 증명결과를 인정한다. 손해배상액과 관련
하여, 인민법원은 침해를 당한자가 입은 손해 또는 침해자가 얻은

---

71) 식물신품종보호조례실시세칙(농업부문) 제12조.
72) 식물신품종보호권 침해분쟁안건 심리에 대한 최고인민법원의 구체적인
     법률 적용에 관한 규정, 제1조 및 제2조.

이익에 근거하여 배상금액을 결정할 수 있으며, 침해를 당한자가 라이선스 비용에 근거하여 청구한 경우 라이선스의 종류, 기간, 범위 등을 고려하여 합리적으로 결정한다. 아울러 이러한 방법으로 배상금액의 결정이 어려운 경우 권리의 성질, 기간, 후효과, 라이선스 금액, 라이선스의 종류, 기간, 범위와 침해의 조사 및 저지 등에 소요된 비용 등을 종합적으로 고려하여 50만 위안 이하로 배상금액을 결정할 수 있다.[73]

중국의 식물신품종보호 출원 및 등록현황과, 작물별 출원현황은 다음과 같다.[74]

[그림 5] 1999년 이후 식물신품종보호 출원 및 등록현황 (중국농업부)

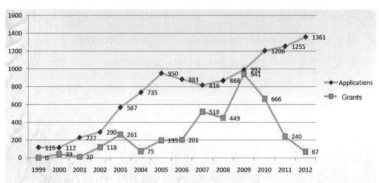

---

73) 위의 규정, 제3조 내지 제6조. http://www.seed.go.kr/administration/overseas/overseas_view.jsp?seq=80&npage=4&category=0&key=&keyword=.

74) Min Song, "Development of Seed industry and Plant Variety Protection in China," China Center for Intellectual Property in Agriculture (CCIPA), Chinese Academy of Agricultural Sciences(CAAS).

[그림 6] 작물별 출원 현황

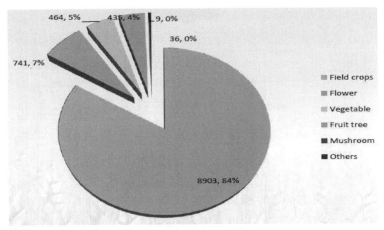

464, 5%   435, 4%   9, 0%

741, 7%

36, 0%

■ Field crops
■ Flower
■ Vegetable
■ Fruit tree
■ Mushroom
■ Others

8903, 84%

4) 유럽연합 식물품종보호제도

유럽에서의 식물신품종에 대한 보호는 개별 국가 내에서의 식물신품종보호제도를 통한 보호뿐만 아니라, 유럽연합 차원에서의 유럽연합 식물품종보호제도(Community Plant Varieties Rights: CPVR)를 통해서도 이루어지고 있다. 유럽연합 식물품종보호는 EC Council Regulation No. 2100/94를 근거로 유럽연합품종보호사무소(Community Plant Variety Office: CPVO)를 중심으로 이루어지고 있다.

CPVO를 통한 출원은 꾸준히 증가하여, 최근에는 연간 3,000건 이상의 출원이 이루어지고 있으며, 누적 CPVR 개수는 20,000건을 넘어섰다.

[그림 7] CPVR 출원동향, CPVO Annual Report 2013.

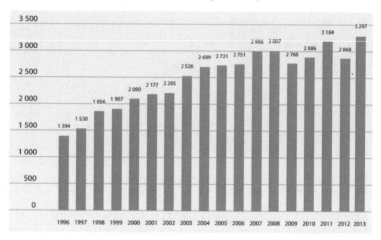

[그림 8] 누적 CPVR 개수, CPVO Annual Report 2013.

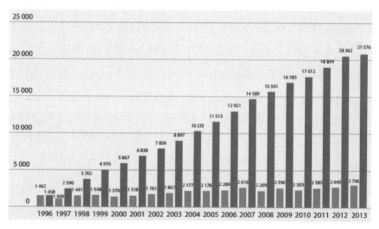

CPVO를 통한 출원이 증가함에 따라, 개별 국가를 통한 출원은 급속히 감소하고 있는 것으로 나타나고 있다.[75] 독일의 경우 10년 동안 국내 출원이 5분의 1 이하로 줄어들었고, 다른 주요국들도 4분의

---

75) http://www.seedquest.com/forum/k/KiewietBart/feb06.htm.

1 내지 3분의 1 이하로 국내 출원이 줄어든 것을 알 수 있다.

[표 13] CPVO 이후 개별 국가에서의 출원수 변화

Country	1994	1995	2004
Netherlands	1,541	1,183	461
France	866	676	257
Poland	278	276	249
Germany	1,091	596	213
United Kingdom	582	322	165
Spain	213	116	79
Hungary	73	169	58
Czech Republic	120	112	50
Italy	298	n/a	43

2013년 출원을 중심으로 분야별 출원수를 살펴보면, 화훼작물 분야가 1,655건으로 50%를 차지하고 있으며, 이 밖에 농업분야가 800건(24%), 채소분야가 587건(18%), 과수분야가 255건(8%)을 차지하고 있다.

[그림 9] 2013년 분야별 출원 현황

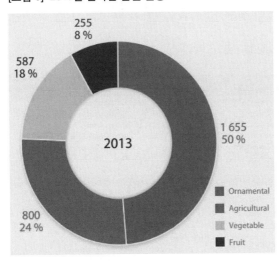

농업분야 및 채소분야의 주요 출원인들은 각각 다음과 같다. 농업분야의 경우 상위 15위까지의 출원인들의 국적을 살펴보면, 프랑스가 8개 회사로 절반 이상을 차지하고 있으며, 그 밖에 독일 3개, 덴마크 2개, 미국 1개, 벨기에가 1개를 포함시키고 있다.

[표 14] Agicultural sector

Top 15 applicants	Country	Number of applications in 2013
Limagrain Europe SA	France	81
KWS Saat AG	Germany	64
RAGT 2n SAS	France	64
Adrien Momont et Fils SARL	France	38
Monsanto Technology LLC	United States	35
Deutsche Saatveredelung AG	Germany	34
Soltis SAS	France	31
Euralis Semences SAS	France	26
DLF-Trifolium A/S	Denmark	22
Secobra Recherches SAS	France	17
Caussade Semences SA	France	16
Böhm Nordkartoffel Agrarproduktion OHG	Germany	13
Maïsadour Semences SA	France	13
SESVanderHave NV/SA	Belgium	12
Sejet Planteforædling I/S	Denmark	11
Total		477

반면, 채소분야의 경우 네덜란드가 8개 회사로 절반 이상을 차지하고 있으며, 프랑스 4개 회사를 포함시켰고, 스위스, 벨기에, 이스라엘이 각각 1개 회사를 포함시키고 있다.

[표 15] Vegetable sector

Top 15 applicants	Country	Number of applications in 2013
Monsanto Vegetable IP Management BV	Netherlands	154
Nunhems BV	Netherlands	102
Rijk Zwaan Zaadteelt en Zaadhandel BV	Netherlands	96
Enza Zaden Beheer BV	Netherlands	52
Syngenta Crop Protection AG	Switzerland	41
Bejo Zaden BV	Netherlands	35
Vilmorin SA	France	27
De Groot en Slot Allium BV	Netherlands	14
Gautier Semences SAS	France	11
Laboratoire ASL SNC	France	7
Nirit Seeds Limited	Israel	7
Clause SA	France	6
Emmanuel Emylyanus Iruthayathasan	Belgium	5
Monsanto Holland BV	Netherlands	5
Asparagus Beheer BV	Netherlands	4
Total		566

(3) 국내 품종보호제도와 현황

1) 보호대상 및 보호요건

식물신품종보호법상 보호대상이 되는 식물의 '품종'이란 식물학에서 통용되는 최저분류 단위의 식물군으로서, 유전적으로 나타나는 특성 중 한 가지 이상의 특성이 다른 식물군과 구별되고 변함없이 증식될 수 있는 것을 말한다.[76] 우리나라가 가입한 1991 UPOV 협약은 식물신품종 보호제도 시행 초년도에는 보호 대상작물을 15개 이상의 작물로 하고, 향후 10년 이내에 전작물로 보호대상을 확대하도록 요구하고 있다. 2002년 1월 7일에 가입한 우리나라는 시행 초년도에 벼, 배추, 사과 등 27개 작물을 보호대상으로 지정하였고, 이후 작물별 국제경쟁력 수준, 농업에 미치는 영향 등을 종합적으로 고려하여 보호대상작물을 확대해 왔으며, 2012년 1월 7일자로 딸기, 나무딸기, 감귤, 블루베리, 양앵두, 해조류가 포함되면서 품종보호 대상작물이 모든 작물로 확대되었다.

한편, 식물신품종보호법상 '보호품종'은 동법에 따른 품종보호 요건을 갖추어 품종보호권이 주어진 품종을 말한다.[77] 현행법은 작물의 품종이 신규성, 구별성, 균일성 및 안정성을 갖춘 경우 심사를 거쳐 품종보호권을 부여하고 있다. 이때 신규성 심사는 서류심사에 의하고 있지만 구별성, 균일성 및 안정성을 구비하고 있는지 여부에 대한 평가는 심사관이 재배시험결과를 토대로 판단한다.

신규성은 원칙적으로 품종보호 출원일 이전에 대한민국에서는 1년 이상, 그 밖의 국가에서는 4년[과수(果樹) 및 임목(林木)인 경우에는 6년] 이상 해당 종자나 그 수확물이 이용을 목적으로 양도되지 아니한 경우에 인정되며, 이에 해당하지 않더라도 다음 각 호의 어느 하

---

76) 식물신품종보호법 제2조 2호.
77) 식물신품종보호법 제2조 6호.

나에 해당하는 양도의 경우에는 신규성을 갖춘 것으로 본다.[78]

1. 도용(盜用)한 품종의 종자나 그 수확물을 양도한 경우
2. 품종보호를 받을 수 있는 권리를 이전하기 위하여 해당 품종의 종자나 그 수확물을 양도한 경우
3. 종자를 증식하기 위하여 해당 품종의 종자나 그 수확물을 양도하여 그 종자를 증식하게 한 후 그 종자나 수확물을 육성자가 다시 양도받은 경우
4. 품종 평가를 위한 포장시험, 품질검사 또는 소규모 가공시험을 하기 위하여 해당 품종의 종자나 그 수확물을 양도한 경우
5. 생물자원의 보존을 위한 조사 또는 「종자산업법」 제15조에 따른 국가품종목록에 등재하기 위하여 해당 품종의 종자나 그 수확물을 양도한 경우
6. 해당 품종의 품종명칭을 사용하지 아니하고 제3호부터 제5호까지의 어느 하나의 행위로 인하여 생산된 부산물이나 잉여물을 양도한 경우

〈심판사례〉 '미야마후지' 사건

무효심판의 청구인은 '미야마후지'는 신규성을 인정받기 위해서는 품종보호 출원일(2002.11.14.)로부터 1년 이전에 국내에서 종자 또는 그 수확물이 이용을 목적으로 양도된 사실이 없어야 하나 1999년경 이미 국내에 들어와 보급된 상태이므로 신규성이 없다고 주장하였다. 이에 대해 품종보호심판위원회는 청구인이 제출한 판매계산서 등 증거자료를 검토한 후, 이 사건 등록품종의 거래를 위해 소정의 대금이 지급된 것이어서 신규성을 위배한 것으로 판단하였다.[79]

---

78) 식물신품종보호법 제17조.
79) 품종보호심판위원회, 2008.1.8, 2007-당-001.

구별성은 품종보호 출원일 이전까지 일반인에게 알려져 있는 품종과 명확하게 구별되는 품종에 대해 인정된다.[80] 종자관리요강에 의하면, 신품종심사를 위한 작물별 세부특성조사 요령에 있는 조사특성 중에서 한 가지 이상의 특성이 대조품종과 명확하게 구별되는 경우에 구별성이 인정된다.[81] 이때, 잎의 모양 및 색 등과 같은 질적 특성의 경우에는 관찰에 의하여 특성 조사를 실시하고 그 결과를 계급으로 표현하여 출원품종과 대조품종의 계급이 한 등급 이상 차이가 나면 출원품종은 구별성이 있는 것으로 판정하며, 잎의 길이와 같은 양적 특성의 경우에는 특성별로 계급을 설정하고 품종 간에 두 계급 이상의 차이가 나면 구별성이 있다고 판정한다. 다만, 한 계급 차이가 나더라도 심사관이 명확하게 구별할 수 있다고 인정하는 경우에는 구별성이 있는 것으로 판정할 수 있다. 또한, 계급을 설정할 수 없는 경우에는 실측에 의한 통계처리 방법을 이용하되, 두 품종 간에 유의성이 있는 경우에 구별성이 있는 것으로 판정할 수 있다.[82]

〈심판사례〉'길조' 사건

심판청구인은 출원품종 '길조'는 대조품종 '태청'과 유전자가 다른 신품종이며, 표현형적 구별성에서 무길이, 모양, 속색깔 등 유전적 형질에서 차이가 나므로 출원품종 '길조'에 대한 품종보호출원 거절사정을 취소하여야 한다고 주장하였다. 이에 대해 품종보호심판위원회는 출원품종 '길조'의 구별성 판단을 위해 재배시험을 실시하였다. '길조'와 대조품종 '태청' 품종 종자의 각 개체별 조사치에 대한 분석결과에 의하면 34개 특성조사항목 중 측정한 주요 4개 양적형질(엽부착 부위 너비, 무의 길이, 무의 굵기, 무 피층 두께)에 대해 계급값으로 분석한 결과 4개 항목 모두 1계급 이내로 계급값 차이에 의한 구별성

---

80) 식물신품종보호법 제18조.
81) 농림축산식품부 고시 제2012-268호.
82) 종자관리요강 별표4 참조.

은 없는 것으로 나타났다. 그러나, 품종보호위원회는 통계분석에 의한 결과
는 4개 항목 모두 유의수준 1%에서 두 품종 간에 차이가 있음이 인정되므로
출원품종 '길조'는 현행 신품종 등록을 위한 구별성의 기준을 만족한다고 판
단하고, 원사정을 취소하고 국립종자관리소로 환송하였다.[83]

〈심판사례〉 '베타쌈' 사건

출원품종 '베타쌈'은 균일성과 안정성을 구비하지 못했다는 이유로 거절사정
되었는데, 청구인은 출원품종 '베타쌈'은 배추와 순무의 중간교잡이라는 번식
방법으로부터 예상되는 변이를 고려해 볼 때 충분히 균일성이 있다고 주장하
였다. 이에 대해 품종보호심판위원회는 '베타쌈'은 종속 간 교잡종으로서 심
사요령에 따르면 잡종품종의 경우에는 균일성 판단시 타 가수분 품종과 동일
한 기준, 즉 대조품종과 비교해서 대조품종보다 이형주수가 많아서는 안 된
다고 규정하고 있는데, '베타쌈'은 표현형이 다양하나 대조품종과 비교시 이
형주수가 훨씬 많아 균일성이 없다고 판단하였다. 또한 심사기준의 위배 여
부에 대해서는, 작물별 심사요령이 작성되지 아니한 경우 특성조사요령의 작
성과 함께 재배심사를 진행할 수 있도록 정하고 있고, 또한 UPOV에서도 종
속간 교잡종의 심사의 경우 양친 모두에 대한 심사기준이 있는 경우는 양친
중 더욱 유사한 양친의 기준을 가지고 심사하도록 지침을 제시하고 있으므
로, 출원품종 '베타쌈'의 심사시 특성조사를 배추의 특성조사요령에 따라 실
시한 것은 심사기준을 위배한 것이 아니라고 판단하였다.[84] 청구인은 특허법
원에 심결취소소송을 제기하였으나, 특허법원은 원고의 청구를 기각하였
다.[85]

    균일성은 품종의 본질적 특성이 그 품종의 번식방법상 예상되는
변이를 고려한 상태에서 충분히 균일한 경우에 인정된다.[86] 종자관

---

83) 품종보호심판위원회, 2004.11.10, 2003-품-1.
84) 품종보호심판위원회, 2007.8, 2007-품-001.
85) 특허법원 2008.6.27, 2007허8870.
86) 식물신품종보호법 제19조.

리요강에 의하면, 신품종심사기준에서 정하고 있는 품종의 조사특성들이 당대에 충분히 균일하게 발현하는 경우에는 균일성이 있다고 판정한다. 즉, 출원품종 중에서 이형주의 수가 작물별 균일성 판정기준의 수치를 초과하지 아니하는 경우에는 출원품종은 균일성이 있다고 판정한다.[87] 이와 같은 균일성을 요구하는 취지는 출원품종의 구별성이나 안정성 요건의 평가를 위하여는 출원품종에 속하는 모든 개체가 유전적으로 발현되는 특성이 균일할 필요가 있음에 부응하고, 신품종을 재배하는 경우 재배한 식물체 사이에서 소정의 특성이 나타나는 확률이 낮을 때에는 상품가치가 없거나 낮아져 이를 상업적으로 이용하는 것이 곤란할 뿐만 아니라, 소정의 특성이 유지되는 것을 기대하고 종자를 양수받아 재배, 판매하는 제3자에게 불측의 손해를 줄 우려가 있으므로, 이를 방지하고자 하는 것이다.[88]

안정성은 품종의 본질적 특성이 반복적으로 증식된 후(1대 잡종 등과 같이 특정한 증식주기를 가지고 있는 경우에는 매 증식주기 종료 후를 말한다)에도 그 품종의 본질적 특성이 변하지 아니하는 경우에 인정된다.[89] 안정성은 출원품종이 통상의 번식방법에 의하여 증식을 계속하였을 경우에 있어서도 모든 번식단계의 개체가 위의 구별성의 판정에 관련된 특성을 발현하고 동시에 그의 균일성을 유지하고 있는지를 판정하며 1년차 시험의 균일성 판정결과와 2년차 이상의 시험의 균일성 판정결과가 다르지 않으면 안정성이 있다고 판단한다.[90]

한편, 품종보호를 받기 위하여 출원하는 품종은 1개의 고유한 품종명칭을 가져야 한다. 이때, 다음 각 호의 어느 하나에 해당하는 품

---

87) 종자관리요강(농림축산식품부 고시 제2012-268호) 별표4 참조.

88) 특허법원 2008.6.27, 2007허8870.

89) 식물신품종보호법 제20조.

90) 종자관리요강(농림축산식품부 고시 제2012-268호) 별표4 참조.

종명칭은 품종명칭의 등록을 받을 수 없다.[91]

1. 숫자로만 표시하거나 기호를 포함하는 품종명칭
2. 해당 품종 또는 해당 품종 수확물의 품질·수확량·생산시기·생산 방법·사용방법 또는 사용시기로만 표시한 품종명칭
3. 해당 품종이 속한 식물의 속 또는 종의 다른 품종의 품종명칭과 같거 나 유사하여 오인하거나 혼동할 염려가 있는 품종명칭
4. 해당 품종이 사실과 달리 다른 품종에서 파생되었거나 다른 품종과 관련이 있는 것으로 오인하거나 혼동할 염려가 있는 품종명칭
5. 식물의 명칭, 속 또는 종의 명칭을 사용하였거나 식물의 명칭, 속 또 는 종의 명칭으로 오인하거나 혼동할 염려가 있는 품종명칭
6. 국가, 인종, 민족, 성별, 장애인, 공공단체, 종교 또는 고인과의 관계 를 거짓으로 표시하거나, 비방하거나 모욕할 염려가 있는 품종명칭
7. 저명한 타인의 성명, 명칭 또는 이들의 약칭을 포함하는 품종명칭. 다만, 그 타인의 승낙을 받은 경우는 제외한다.
8. 해당 품종의 원산지를 오인하거나 혼동할 염려가 있는 품종명칭 또 는 지리적 표시를 포함하는 품종명칭
9. 품종명칭의 등록출원일보다 먼저 「상표법」에 따른 등록출원 중에 있 거나 등록된 상표와 같거나 유사하여 오인하거나 혼동할 염려가 있는 품종명칭
10. 품종명칭 자체 또는 그 의미 등이 일반인의 통상적인 도덕관념이나 선량한 풍속 또는 공공의 질서를 해칠 우려가 있는 품종명칭

품종명칭이 등록된 경우에는 누구든지 타인의 품종명칭을 도용 하여 종자를 판매·보급·수출하거나 수입할 수 없다. 또한, 품종 명칭 등록원부에 등록되지 아니한 품종명칭을 사용하여 종자를 판

---

91) 식물신품종보호법 제107조.

매하거나 보급할 수 없다. 품종명칭 등록출원인은 등록된 품종명칭을 사용하는 경우에는 상표명칭을 함께 표시할 수 있으며, 이 경우 그 품종명칭은 쉽게 알아볼 수 있도록 표시되어야 한다.[92]

2) 출원 및 등록현황

식물신품종보호법상 품종보호 대상 작물을 농업용, 산림용, 해조류로 구분하여, 농업용은 국립종자원, 산림용은 국립산림품종관리센터, 해조류는 수산식물품종관리센터에서 각각 품종보호 출원을 담당하고 있다.

국립종자원의 품종보호 출원 및 등록현황은 다음과 같다. 2014년 8월 31일 현재, 총 7,261건의 품종보호출원이 있었으며, 이들 중 5,136건의 품종이 등록되었고, 843건이 거절되었다.

[표 16] 품종보호 출원 및 등록 현황

(2014.08.31 현재)

구분	합계			2010까지			2011			2012			2013			2014		
	출원	거절	등록	출원	거절	등록	출원	거절	등록	출원	거절	등록	출원	거절	등록	출원	거절	등록
합계	7,261	843	5,136	5,040	518	3,385	587	79	448	606	102	444	599	75	459	429	69	400
식량작물	1,012	49	828	763	28	606	73	7	49	57	1	55	71	12	55	48	1	63
채소작물	1,457	186	878	921	128	507	133	16	72	157	17	96	157	15	88	89	10	115
과수작물	444	47	254	290	23	149	53	4	23	33	14	23	37	1	48	31	5	11
화훼작물	3,863	513	2,867	2,763	319	1,930	283	39	279	296	65	246	292	40	224	229	50	188
사료작물	48	4	32	27	2	18	10	-	-	8	-	-	2	1	8	1	1	6
특용작물	287	32	186	184	11	127	19	12	13	41	3	9	25	4	23	18	2	14
버섯작물	150	12	91	92	7	48	16	1	12	14	2	15	15	2	13	13	-	3

등록된 5,136 품종을 작물군별로 보면, 화훼류 2,867, 채소류 878, 식량 828, 과수 254, 특용 186, 버섯 91, 사료작물 32품종으로 나타

---

92) 식물신품종보호법 제116조.

났다. 출원인별로 살펴보면, 종자업계 2,052, 국가 1,574, 지자체 823, 개인 556건으로 나타났으며, 또한 5,136품종 중 국내품종은 3,926품종이었고, 외국품종은 1,210품종으로 나타났다.

[표 17] 품종보호등록현황 (국립종자원, 2014. 8. 31.)

출원 \ 작물	계						국 내						외 국		
	계	개인	종자업계	지자체	국가	기타	계	개인	종자업계	지자체	국가	기타	계	개인	종자업계
화훼류	2,867	377	1,290	607	566	27	1,679	343	136	607	566	27	1,188	34	1,15
채소류	878	29	663	51	105	30	870	29	655	51	105	30	8		8
식량작물	828	26	32	69	639	62	824	25	29	69	639	62	4	1	3
과수류	254	93	27	35	95	4	249	92	23	35	95	4	5	1	4
특용작물	186	5	27	24	125	5	185	5	26	24	125	5	1		1
버섯류	91	21	12	36	19	3	88	19	11	36	19	3	3	2	1
사료작물	32	5	1	1	25		31	5		1	25		1		1
계	5,136	556	2,052	823	1,574	131	3,926	518	880	823	1,574	131	1,210	38	1,172

3) 권리의 효력범위 및 소송 사례

품종보호권자는 업으로서 그 보호품종을 실시할 권리를 독점한다.[93] 아울러 품종보호권자의 허락 없이 도용된 종자를 이용하여 업으로서 그 보호품종의 종자의 수확물 및 그 수확물로부터 직접 제조된 산물에 대하여도 실시할 권리를 독점한다.[94] 예를 들면, 쌀과자를 만들 때 쌀과자의 재료로 사용된 쌀이 품종보호권자의 허락 없이 품종의 종자로부터 수확되었다면 그 쌀과자에 대하여는 품종보호권자가 권리를 가진다. 다만, 수확물에 관하여 정당한 권한이 없음을 알지 못하는 자가 직접 제조한 산물에 대하여는 예외를 인

---

93) 식물신품종보호법 제56조 1항.
94) 식물신품종보호법 제56조 2항.

정하고 있다.[95] 품종보호권의 효력은 i) 보호품종(기본적으로 유래된 품종이 아닌 보호품종에 한한다)으로부터 기본적으로 유래된 품종, ii) 보호품종과 명확하게 구별되지 아니하는 품종, iii) 보호품종을 반복하여 사용하여야 종자생산이 가능한 품종에도 적용된다.[96]

수박품종 분쟁사례

원고는 'D'라는 명칭의 수박 품종을 개발한 후 2001.7.5. 국립종자원에 품종보호출원하였고, 2004.7.19. 국립종자원으로부터 종자산업법에 따라 품종보호권 등록을 받았다. 피고들은 2007년경부터 'F' 또는 'G'라는 명칭의 수박 종자를 다수의 육묘장 및 농가에 판매하여 오다가, 2010. 1.경부터는 'H'라는 명칭의 수박 종자를 판매하였다.

원고가 피고들을 고소하여 개시된 형사사건에서, 감정기관인 국립종자원은 원고와 피고들이 제출한 품종들을 토대로 포장재배시험을 실시하였는데, 10종의 수박 종자 사이에, i) 2000년 제정된 작물별 특성조사요령 소정의 59개 항목의 특성 중 '유묘: 떡잎의 크기', '유묘: 배축길이', '식물체: 주지의 길이', '잎몸: 길이', "잎몸: 너비', '잎몸: 길이/너비 비율', '잎자루: 길이', '씨방: 크기', '과실: 과실자루 길이', '과실: 배꼽의 크기', '과실: 종자수'의 11개 항목에서 1계급의 차이가 나는 경우가 있었으나, 나머지 항목에서는 모두 동일한 계급값인 것으로 나타났고, ii) 구 특성조사요령과 중복되지 아니하는 개정 작물특성조사요령 소정의 11개 항목의 특성 중 '식물체: 마디와 마디 사이의 길이', '잎자루: 길이'의 2개 항목에서 1계급의 차이가 나는 경우가 있었으나, 나머지 항목에서는 모두 동일한 계급값인 것으로 나타난 사실, iii) 유전자 분석검사 결과 위 10종의 수박 종자 사이의 유전적 유사도가 100%인 것으로 나타난 사실, iv) 이 사건 재배시험 결과 위와 같이 1계급의 차이가 있는 것으로 나타난 항목들은 모두 양적 특성으로서, 구별성이 인정되기 위하여는 최소 2계급의 차이가 존재하여야 하는 사실을 인정한 후, 피고들 실시 품종은 이 사건 보호

95) 국립종자원 홈페이지. http://www.seed.go.kr/newVariaty/newVariaty_ 01_01_04.jsp.

96) 식물신품종보호법 제56조 3항.

품종과 명확하게 구별되지 아니하는 품종으로 판단하였다.[97]

원고는 2003.8.11. SW4 품종을 모계원종으로, G2G 품종을 부계원종으로 하여 정교배하여 오복꿀참외의 품종을 개발한 후, 2004.8.3. 이를 국립종자원에 품종보호출원하였고, 2007.3.30. 국립종자원으로부터 종자산업법에 따라 품종보호권 설정등록을 받았다. 피고 A는 칠성꿀참외 종자를 증식, 생산한 후 2007.5.경부터 판매하여 오고 있으며, 피고 B는 피고 A로부터 칠성꿀참외 종자를 공급받아 이를 당찬꿀참외, 명문골드참외, 명품골드참외라는 명칭으로 판매하였다.

원고는 2008.4.경 피고의 참외 종자를 수집하여 자사의 연구소에 DNA 분석을 의뢰하였는데, 보호품종과 DNA 마커가 모두 동일한 것으로 나타났다. 하지만, 법원은 이와 같은 DNA 분석 및 재배시험결과는 모두 원고가 그 소속 직원으로 하여금 실시하게 한 것으로서 그 객관성과 공정성을 담보하기에 어렵다고 보았다.[98]

한편 원고의 감정신청 및 이에 따른 제1심 법원의 감정촉탁에 의해 국립종자원이 재배시험을 실시하였고, 피고의 감정신청 및 이에 따른 1심 법원의 감정촉탁에 의해 원광대학교 생명자원과학대학 OOO교수가 재배시험을 실시하였다. 법원은 농림수산식품부 고시(제2010-133호) 「종자관리요강」 제5조 및 별표4와 국립종자원 예규인 「품종보호출원품종 심사요령」의 '구별성'에 관한 규정을 토대로, 국립종자원의 재배시험결과 질적 특성 1개 또는 2개 항목(종피색, 과실 최대너비의 위치)에서 한 등급 이상의 차이가, 양적 특성 1개 항목(잎몸 엽절의 발달)에서 두 계급 이상의 차이가 나타났으므로 구별성이 있다고 보아야 하고, 원광대학교의 재배시험결과 또한 양적 특성 1개 항목(유묘의 떡잎 크기)에서 두 계급 이상의 차이가 나고 있으므로 역시 구별성이 있다고 판단하였다.[99]

97) 수원지법 2011.8.11, 2009가합8423.
98) 서울고법 2011.12.15, 2010나109260.
99) 서울고법 2011.12.15, 2010나109260.

한편 제1심의 국립종자원 유전자 분석감정결과에 의하면, 이른바 'SSR (Simple Sequence Repeats) 마커'를 이용하여 37개 참외 종자시료에 대한 유전자 분석을 수행한 결과 국립종자원이 보관하고 있는 이 사건 보호품종과 피고의 참외는 100%의 유전적 유사도를 나타내었는데, 이에 대해 법원은, 관련 전문가 집단 내에서 DNA 마커가 품종의 구별성 판단을 위한 도구로 적절한지에 대하여 적지 않은 이견이 존재하고 있는 이상 적어도 품종의 구별성 유무를 결정하기 위한 유전자분석결과는 아직 그 과학적 신뢰성을 충분히 인정할 수 없다고 할 것인 점 등에 비추어 보면, DNA 마커분석방법을 재배시험과 병행하여 실시함으로써 그 재배시험의 결과를 보강하는 참고자료로 삼는 것은 몰라도, 이 사건 각 재배시험의 결과와 일부 어긋나는 취지의 이 사건 유전자분석결과를 토대로 품종의 구별성 유무를 결정할 수는 없다고 판단하였다.[100]

　품종보호권의 효력은 i) 영리 외의 목적으로 자가소비를 하기 위한 보호품종의 실시, ii) 실험 또는 연구를 하기 위한 보호품종의 실시, iii) 다른 품종을 육성하기 위한 보호품종의 실시에는 미치지 않는다.[101] 예를 들면, 텃밭에서 취미생활로 채소를 재배하는 등 영리 외의 목적으로 자가 소비를 하기 위한 보호품종의 실시에는 품종보호권의 효력이 미치지 않는다.

　또한 농어업인이 자가생산을 목적으로 자가채종을 할 때에는 농림축산식품부장관 등은 당해 품종에 대한 품종보호권을 제한할 수 있다.[102] 이때, 자가생산(自家生産)을 목적으로 자가채종(自家採種)을 할 경우는 농어업인이 자신이 경작하거나 양식한 토지나 양식장에서 재배·양식하여 수확한 산물을 자신이 경작하거나 양식하고 있는 토지나 양식장에 종자로 사용하기 위하여 채종(採種)하는 경우이다. 농어업인이 자가생산을 목적으로 자가채종할 경우 품종보호

---

100) 서울고법 2011.12.15, 2010나109260; 대법원 2013.11.28, 2012다6486.
101) 식물신품종보호법 제57조 1항.
102) 식물신품종보호법 제57조 2항.

권의 제한범위는 종자의 증식방법, 상업성 등을 고려하여 농림축산
식품부장관 또는 해양수산부장관이 고시하는 작물로 한다.103)

한편, 품종보호권·전용실시권 또는 통상실시권을 가진 자에 의
하여 국내에서 판매 또는 유통된 보호품종의 종자, 그 수확물 및 그
수확물로부터 직접 제조된 산물에 대하여는, i) 판매 또는 유통된 보
호품종의 종자, 그 수확물 및 그 수확물로부터 직접 제조된 산물을
이용하여 보호품종의 종자를 증식하는 행위, ii) 증식을 목적으로 보
호품종의 종자, 그 수확물 및 그 수확물로부터 직접 제조된 산물을
수출하는 행위를 제외하고는 품종보호권의 효력이 미치지 않는
다.104)

장미품종 분쟁사례

피고들은 알려진 품종인 이 사건 보호품종에 대한 품종보호출원일 전에 이
사건 보호품종의 묘목을 식재한 후, 그 품종보호출원일 이후에 그 묘목으로
부터 수확물인 절화장미를 수확·출하하는 행위를 하였다.

법원은 종자산업법 제57조 제2항이 품종보호권의 효력이 미치는 범위를 '보
호품종의 종자의 수확물 및 그 수확물로부터 직접 제조된 산물의 실시'에까지
확대하고 있으나, 원래 보호품종의 실시라 함은 보호품종의 종자의 증식 등

---

103) 식물신품종보호법 시행령 제36조(농어업인의 자가채종)
　　① 법 제57조 제2항에 따른 자가생산(自家生産)을 목적으로 자가채종(自
　　家採種)을 할 경우는 농어업인이 자신이 경작하거나 양식한 토지나 양
　　식장에서 재배·양식하여 수확한 산물을 자신이 경작하거나 양식하고
　　있는 토지나 양식장에 종자로 사용하기 위하여 채종(採種)하는 경우로
　　한다.
　　② 법 제57조 제2항에 따라 농어업인이 자가생산을 목적으로 자가채종할
　　경우 품종보호권의 제한범위는 종자의 증식방법, 상업성 등을 고려하
　　여 농림축산식품부장관 또는 해양수산부장관이 고시하는 작물로 한다.
　　③ 농림축산식품부장관 또는 해양수산부장관은 제2항에 따른 고시를 할
　　때에는 종자위원회의 의견을 들어야 한다.
104) 식물신품종보호법 제58조.

을 하는 행위를 의미하는 점, 법 제13조의2가 알려진 품종에 대해서 신규성의 요건에도 불구하고 일정한 요건을 갖춘 경우 품종보호를 받을 수 있도록 허용하면서도 품종보호출원일 전에 그 알려진 품종을 이미 실시하고 있는 자를 보호하기 위하여 알려진 품종의 품종보호권의 효력을 제한하고 있는 점 등을 종합하여, 알려진 품종의 품종보호출원일 전에 당해 품종의 종자를 육성하여 품종보호출원일 후에 그 수확물을 수확·출하하는 행위 등에는 알려진 품종의 품종보호권의 효력이 미치지 않는다고 판단하였다.[105]

---

105) 부산고법 2006.3.31, 2005나8804; 대법원 2008.10.9, 2006다24674, 2006
   다52709.

3. 생명공학기술과 특허권

(1) 생명공학기술의 발전과 종자시장의 구조 변화

종자산업법은 종자산업을 "종자를 연구개발, 육성, 증식, 생산, 가공, 유통, 수출, 수입 또는 전시 등을 하거나 이와 관련된 산업"으로 정의하고 있다.106) 일반적으로 좁은 의미의 종자산업은 종자의 생산 및 판매에 관한 산업을 의미하지만, 넓은 의미에서의 종자산업은 유전자원 확보, 품종육성, 종자 생산 및 유통, 수출입, 제도 및 정부정책, 전후방 산업 등을 포함하게 된다.107) 종자는 농작물 재배의 기본요소이며, 농업생산과 농업기술을 연결하는 매개체이기도 하다. 종자산업은 그 자체가 축적된 기술과 높은 부가가치를 가지고 있기도 하지만, 최근에는 의약·재료산업과 융·복합이 이루어지고 있고, 나노기술이 접목되는 등 첨단 생명과학기술산업으로 부상하고 있다.108)

생명과학기술의 접목과 함께 종자시장에서는 중요한 변화들이 일어나고 있다. 기존의 종자시장은 전통적인 육종방법에 의한 품종의 육성, 생산 및 판매에 비중을 두고 있었다. 그런데, 생명공학기술의 발전과 함께 종자의 연구개발 관련 시장의 비중이 커지고 있다. 특히 유전자변형 종자 관련 시장에서는 이러한 변화를 반영하여 종자시장을 형질전환 종자(Traited seed) 시장과 유전형질(Genetic traits)

---

106) 종자산업법 제2조 2호.
107) 김수석 외, "종자산업의 도약을 위한 발전전략," 한국농촌경제연구원, 2013. 12, 8면.
108) 위의 보고서, 8면.

[그림 10] 종자시장의 구조 (Moss, 2009)

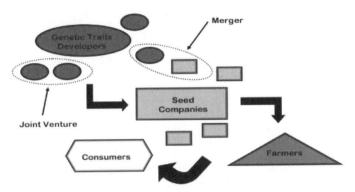

시장으로 구분하기도 한다.[109] 예를 들면, 제초제 저항성(herbicide tolerance)이나 해충 저항성(insect resistance)의 특성을 갖는 옥수수 종자, 콩 및 면화 종자 등의 거래에 관한 시장은 형질전환 종자(Traited seed) 시장에 해당하지만, 옥수수, 콩 및 면화의 종자에 사용될 수 있는 제초제 저항성 또는 해충 저항성의 유전 형질(Genetic traits) 등의 거래에 관한 시장은 유전형질 시장이다. 형질전환 종자 시장은 전통적인 종자시장에서와 같이, 특정한 형질을 포함한 '종자'의 거래에 초점을 맞추지만, 유전형질 시장은 특정한 '유전 형질' 그 자체의 거래에 초점을 맞추고 있다.

　몬산토는 연차 보고서(Annual Report)에서 종자 부문에서의 주요 제품을 '생식질(germplasm)'과 '생명공학 형질(Biotechnology traits)'로 구분하고 있다. 생식질(germplasm)로는 다양한 종류의 종자들이 포함되어 있고, 생명공학 형질(Biotechnology traits)에는 다양한 종류의 해충 저항성 또는 제초제 저항성 형질이 포함되어 있다.[110]

109) Diana L. Moss, "Competition and the Transgenic Seed Industry," Organization for Competitive Markets 2009 Food and Agriculture Conference, August 7, 2009. http://www.antitrustinstitute.org/files/OCM_Moss_August%2009_081120090802.pdf.

[표 18] 몬산토의 종자부문 주요 제품 (Monsanto, 2013)

Major Product	Applications	Major Brands
Germplasm	Row crop seeds: Corn hybrids and foundation seed Soybean varieties and foundation seed Cotton varieties, hybrids and foundation seed Other row crop varieties and hybrids such as canola	DEKALV, Channel for corn Asgrow for soybeans Deltapine for cotton
	Vegetable seeds: Open field and protected-culture seed for tomato, pepper, melon, cucumber, pumpkin, squash, beans, broccoli, onions, and lettuce, among others	Seminis and De Ruiter for vegetable seeds
Biotechnology traits	Enable crops to protect themselves from borers and rootworm in corn, certain lepidopteran insect in soybeans, and leaf-and boll-feeding worms in cotton, reducing the need for applications of insecticides	SmartStax, YieldGard, YieldGard VT Triple, VT Triple PRO and VT Double PRO for corn; Intacta RR2 PRO for soybeans; Bollgard and Bollgard II for cotton
	Enable crops, such as corn, soybeans, cotton and canola, to be tolerant of Ronudup and other glyphosate-based herbicides	Roundup Ready and Roundup Ready 2 Yield(soybeans only) Genuity, global umbrella trait brand

　예를 들면, 2009년 옥수수, 대두, 면화 종자시장에 제공되고 있던 주요 형질과 관련 기업으로는 다음과 같은 것들이 있다.111)

---

110) http://www.monsanto.com/investors/documents/annual%20report/
　　2013/monsanto-2013-annual-report.pdf.

111) http://www.monsanto.com/newsviews/pages/monsanto-submission-
　　doj.aspx.

[그림 11] 옥수수 형질 프로파일 (Monsanto, 2009)

Trait Profiles (including conventional)	BASF — Herbicide tolerant-imidazolinone	Bayer — Herbicide tolerant-glufosinate	Dow AgroSciences — Rootworm protection	Dow AgroSciences — Corn borer protection	Monsanto — Rootworm protection	Monsanto — Corn borer protection	Monsanto — Herbicide tolerant-glyphosate	Syngenta — Herbicide tolerant-glyphosate	Syngenta — Rootworm protection	Syngenta — Corn borer protection	Number of trait providers contributing to this product	Product includes a licensed trait from Monsanto
Agrisure 3000 GT											2	
Agrisure 3000 CB_IMI_LL											3	
Agrisure 3000 CB_LL											2	
Agrisure 3000 CB_LL_GT											2	
Agrisure 3000 CB_RW_LL											2	
Agrisure GT												
Agrisure RW												
Agrisure RW_GT												
Conventional												
Herculex I_LL											2	
Herculex I_LL_IMI											3	
Herculex I_LL_RR2											3	X
Herculex RW_LL											2	
Herculex RW_LL_RR2											3	X
Herculex XTRA_LL											2	
Herculex XTRA_LL_RR2											3	X
IMI												
LL												
RR2												
YGCB												
YGCB_IMI											2	X
YGCB_RR2												
YGPlus												
YGPlus_IMI											2	X
YGPlus_RR2												
YGRW												
YGRW_RR2												
YGVTRW_RR2												
YGVT3												
YGVT3Pro												

[그림 12] 대두 형질 프로파일 (Monsanto, 2009)

Trait Prociders / Trait Profiles (including conventional)	Bayer — Herbicide tolerant-glufosinate	DUPONT — Herbicide tolerant-sulfonylurea	Monsanto — Herbicide tolerant-glyphosate	Number of trait providers contributing to this product	Product includes a licensed trait from Monsanto
Conventional					
LL					
RR					
RR2Y					
RR_STS				2	X
STS					

[그림 13] 면화 형질 프로파일 (Monsanto, 2009)

Trait Prociders / Trait Profiles (including conventional)	Bayer — Herbicide tolerant-glufosinate	DOW AgroSciences — Bollworm Budworm armyworms and loopers protection	Monsanto — Bollworm and Budworm protection	Monsanto — Bollworm Budworm armyworms and loopers protection	Monsanto — Herbicide tolerant-glyphosate	Monsanto — Herbicide tolerant-glyphosate with wider application window	Number of trait providers contributing to this product	Product includes a licensed trait from Monsanto
BG_RR								
BGII								
BGII_LL							2	X
BGII_RR								
BGII_RR Flex								
Conventional								
LL								
RR								
RR Flex								
WideStrike								
WideStrike_RR							2	X
WideStrike_RR Flex							2	X

이상과 같이 복잡해지고 있는 유전자 변형 종자시장과 그 안에서
의 경쟁을 '유전자변형 종자 플랫폼(Transgenic Seed Platform)'이라는
개념 틀을 통해 분석하고 그 대응책을 논의하는 견해도 있다.112)

(2) 주요국의 종자 관련 특허제도와 현황

1) 미 국

식물의 품종에 관한 발명이 식물특허에 관한 규정(제161조 내지
제164조) 이외에 일반 특허의 보호대상이 될 수 있는가에 대해 미국
특허법은 아무런 규정을 두고 있지 않다. 이와 관련하여 과거 미국
특허청과 법원은 식물의 품종은 자연의 섭리에 의한 생산물이므로
일반 특허의 대상이 될 수 없는 것으로 취급해 왔다. 그러나 1980년
대 이후 미국 법원은 일련의 판결을 통해 식물에 관한 발명도 일반
특허의 대상이 될 수 있음을 명확히 하였고, 미국 특허청도 이러한
입장을 받아들이고 있다.113)

⟨사 례⟩ Ex Parte Hibberd 사건

1985년 미국 특허청은 Ex Parte Hibberd 사건에서 강화된 수준의 트립토판,
아미노산을 포함한 옥수수류 작물은 미국특허법 제101조에 의하여 특허가 가
능하다 하더라도 식물들은 이전의 식물특허법과 식물품종보호법의 적용을
받기 때문에 일반 특허에서 제외된다고 하여 그 청구를 배척하였다. 그러나
미국 특허심판소(BPAI)는 여러 측면을 고려한 후에 심사관과 의견을 달리하

---

112) Diana L. Moss, "Transgenic Seed Platforms: Competition Between a
Rock and a Hard Place?," The American Antitrust Institute, October 23,
2009. http://www.antitrustinstitute.org/content/american-antitrust-insitu
tesays-competition-transgenic-seed-industry-impaired-monsanto, http://www.
justice.gov/atr/public/workshops/ag2010/015/AGW-14383-b.html.
113) 이윤원, 앞의 보고서, 22면 참조.

였고 식물, 변종, 종묘 그리고 식물의 조직 배양균은 일반 특허에 의해서도 보호될 수 있다고 판단하였다.[114]

〈사 례〉 J.E.M. Ag Supply v. Pioneer Hi-Bred 사건[115]

Pioneer는 사건 당시 옥수수 종자 제품에 관한 17개의 일반특허를 보유하고 있었다. Pioneer는 이러한 특허권을 기초로, 번식 또는 종자 증식을 위해 사용하거나 다른 종과의 잡종 개발은 금지하고 곡물의 생산만 가능하다는 조건으로 특허 종자를 판매하였다. J. E. M. Ag Supply는 Farm Advantage와 거래를 하면서 Pioneer로부터 특허된 종자를 구입하여 다시 재판매하였다. Pioneer는 특허 침해를 이유로 Farm Advantage, 배포자 및 고객들을 상대로 소송을 제기하였다. 이에 대해, Farm Advantage는 Pioneer의 옥수수 식물과 같은 유성 번식 식물은 특허법 제101조의 일반 특허의 대상이 될 수 없다고 주장하였다. Farm Advantage는 새로운 식물은 식물특허법(PPA) 또는 식물품종보호법(PVPA)에 의해서만 보호를 받을 수 있을 뿐이라고 주장했다. 이들 법률들은 특허법 제101조보다 구체적이고 특별한 취급을 위해 특허법 제101조에서 파생된 것이라는 점을 그 근거로 내세웠다.

지방법원은 약식판결로 Diamond v. Chakrabarty 판결에 의하면 식물발명도 101조에 명백히 포함된다고 판단하였다. 또한 식물특허법과 식물품종보호법을 제정할 때 의회는 식물을 101조의 특허대상에서 제외한다고 명백히 하지 않았다고 판단하였다. 특히, 지방법원은 의회가 PVPA법을 통과시키면서 특허법 제101조를 암시적으로 폐지하지 않았다고 했다. 왜냐하면 양 법률 간에 양립할 수 없는 충돌은 없기 때문이다. 연방항소법원은 1심법원의 판결을 유지하였다. 이에 J. E. M. Ag Supply가 상고를 하였다.

연방대법원은 식물특허법과 식물품종보호법은 다른 사람이 식물 또는 식물품종을 번식, 판매, 사용하는 것을 금지시킬 수 있는 배타적인 수단은 아니라고 보았다. 왜냐하면 식물특허법이나 식물품종보호법의 어떤 문구도 식물특

---

114) 227 USPQ 443, PTO Bd. Pat. App.& Int, 1985.
115) J.E.M AG Supply, Inc. v. Pioneer Hi-Bred International, Inc., 122 s. Ct. 593, 596 (2001).

허법의 무성번식식물에 대한 보호가 배타적인 것을 의도하는 것은 아니라고 보았기 때문이다. 요약하면, 식물특허는 무성번식식물(괴경번식식물은 제외) 을 보호대상으로 하고, 식물품종보호법은 유성번식식물(괴경번식작물 포함) 을 보호대상으로 하고 있으며, 일반특허는 유성·무성번식식물 모두를 보호 대상으로 하고 있다는 점을 명확히 했다.[116]

새로운 식물품종이 일반 특허의 보호대상이 되면, 특허권의 효력 과 관련하여 다양한 쟁점이 제기되지만, J.E.M. v. Pioneer 사례에 서 미국 연방대법원은 일반 특허와 품종보호권 간의 관계에 관한 쟁점들에 대해서는 명확히 하지 못했다.[117] 다만, 최근 연방대법원 은 Bowman v. Monsanto Co. et al. 사례에서 종자의 특허권 소진 에 관한 입장을 보다 상세히 보여주고 있다.[118] 피고 농부는 몬산토 의 Roundup Ready 유전자변형 콩을 몬산토가 아닌 다른 곡물창고 (elevator)에서 구입한 후, 자신의 농장에 심고 수확한 콩을 저장하는 식으로 수년간 콩을 재배했다. 몬산토의 특허권 침해 주장에 대해 피고는 몬산토가 유전자변형 콩을 판매한 때부터 특허권이 소진 (exhaustion)했다고 주장했다. 하지만 대법원은 농부가 유전자변형 콩을 처음 구매하고, 재배하여 수확한 콩을 소비했거나 팔았다면, 특허권 소진을 주장할 수 있지만, 피고는 수확한 콩을 저장한 후, 이 저장했던 콩으로 '다른 유전자변형 콩을 재생산'했기 때문에, 바로 이 재생산한 과정에는 특허권 소진의 원칙이 적용되지 않는다고 판

---

116) http://newip.biz/interest/?type=view&gkind=7&interestkind=58&index =1367&page=1의 번역 참조.

117) Mark D. Janis et al., "Intellectual Property Protection for Plant Innovation: Unresolved Issues After J.E.M. v. Pioneer", Illinois Public Law and Legal Theory Research Papers Series, Research Paper No. 03-01, February 10, 2003. http://papers.ssrn.com/abstract=378820.

118) BOWMAN v. MONSANTO CO. ET AL, 569 U.S. 1 (2013).

[표 19] 2008-2014 미국특허 출원 및 등록 현황

	2008	2009	2010	2011	2012	2013	2014	총합계
출원건수	2,410	2,210	2,550	2,268	2,013	343	2	11,796
등록건수	1,848	1,761	2,014	2,266	3,021	3,352	1,207	15,469

* 2014년 5월 27일 기준.

단하였다.[119)]

2008년부터 2014년 5월까지 종자에 관한 미국특허 출원 및 등록 현황은 다음과 같다.[120)] 전반적인 출원 건수는 미국 메이저 기업의 출원 둔화에 따라 다소 정체되어 있는 것으로 보이며, 다만, 등록 건수는 과거 출원증가에 비례하여 지속적인 증가세를 보이고 있다.

관련 특허의 주요 IPC를 살펴보면, A01H-005(개화식물 육종처리

[그림 14] 2008-2014 미국특허 IPC 현황

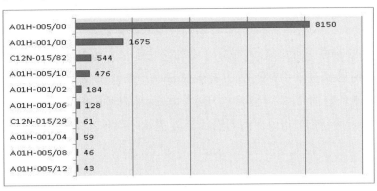

---

119) 최영란, "특허권 침해: 특허권 소진되지 않은 몬산토의 유전자재조합식품 주의," 과학기술법연구 19권 3호, 한남대학교 과학기술법연구원, 2013.

120) 이 분석은 한국, 미국, 일본, 중국, 유럽연합 특허청에서 2008년 1월부터 분석기준일인 2014년 5월 사이에 출원, 등록된 특허와 PCT출원특허 중 Main IPC가 A01H 또는 Main IPC가 C12N이면서 보조IPC가 A01H인 특허를 대상으로 분석수행하였다.

주요 출원인들로는 파이어니어(듀퐁), 몬산토, 신젠타 등 다국적 종자기업들이 출원의 상당한 부분을 차지하고 있다.

[그림 15] 2008-2014 미국특허 주요 출원인

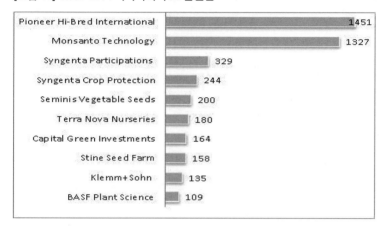

[그림 16] 2008-2014 미국특허 출원 및 등록 동향

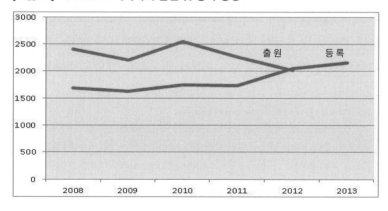

2) 유 럽

유럽은 식물신품종을 원칙적으로 UPOV 체계에 의해 보호하고, 특허체계에 의한 보호를 인정하지 않았다. 유럽특허조약 제53조는

특허성의 예외에 관해 규정하고 있는데, (a)항에서는 그 공개나 실시가 공공의 질서 혹은 선량한 풍속에 반하는 발명은 특허를 받을 수 없는 것으로 규정하고 있으며, (b)에서는 식물 또는 동물의 품종 혹은 본질적으로 생물학적인 식물 또는 동물의 생산방법은 특허를 받을 수 없는 것으로 규정하고 있다.[121] 하지만, EPC 제53조(b)는 제한적으로 해석되고 있다. 예를 들면, Novartis 사례[122]에서 유럽 특허청 확대심판부는 제53조 (b)항의 입법취지가 당시의 UPOV 조약의 이중보호 금지규정에 저촉되는 식물변종은 불특허 대상으로 하되 식물신품종보호법으로 보호받을 수 없는 발명은 다른 특허 요건을 충족하는 한 특허를 인정하고자 한 것이었다고 판단하였고, "그 발명이 실질적으로 식물변종을 포함하고 있다 할지라도 특정한 변종을 한정하여 청구하고 있는 것이 아닌 경우에는 상기 조항의 규정을 적용받지 않는다"고 결론내렸다.[123]

유럽연합은 광범위한 분야에서 생명공학 및 유전공학 기술이 점차 중요한 역할을 수행하고 있으며, 생명공학 관련 발명을 보호하는 것이 공동체 산업 발전에 매우 중요하다는 점을 인식하고, 생명공학 분야에서 투자를 유지하고 장려하기 위해서는 회원국들 사이에서 관련 발명을 효과적이고 조화롭게 보호할 필요가 있다는 점을

---

121) Article 53 Exceptions to patentability

  European patents shall not be granted in respect of:

  (a) inventions the publication or exploitation of which would be contrary to "ordre public" or morality, provided that the exploitation shall not be deemed to be so contrary merely because it is prohibited by law or regulation in some or all of the Contracting States;

  (b) plant or animal varieties or essentially biological processes for the production of plants or animals; this provision does not apply to microbiological processes or the products thereof.

122) G1/98 (REF. 10) http://www.epo.org/law-practice/case-law-appeals/recent/g980001ep1.html.

123) 이윤원, 앞의보고서, 39면.

인식하면서 생명공학지침을 제정하였다.124)

회원국들은 신규하고 진보적이며 산업상 이용가능한 발명은 그 발명이 생물학적 물질로 구성되어 있거나 이러한 생물학적 물질을 포함하고 있는 경우 또는 생물학적 물질을 생산, 처리 혹은 이용하는 방법과 관련된 경우라 하여도 특허성을 인정해야 한다.125) 이때 생물학적 물질(biological material)이란 유전정보를 포함하며 생물계 내에서 스스로 복제하거나 또는 복제될 수 있는 물질을 말한다. 식물 또는 동물의 생산방법이 전적으로 교배나 선택과 같은 자연현상으로 이루어진 경우 본질적으로 생물학적인 것에 해당한다.126) 자연 상태로부터 분리되거나 또는 기술적 방법에 의하여 생산된 생물학적 물질은, 비록 이전에 자연 상태에 존재하고 있었다 할지라도 발명의 대상이 될 수 있다.127) 하지만 (a) 식물 및 동물의 품종이거나, (b) 식물 또는 동물의 생산을 위한 본질적으로 생물학적 방법인 경우에는 특허성이 없다.128) 다만, 식물 또는 동물과 관련된 발명은 그 발명의 기술적 실현가능성이 특정한 식물 또는 동물의 품종에 한정되지 않는 경우 특허성이 있으며,129) 미생물학적 방법130)이나 기타 기술적 방법, 또는 이들 방법에 의하여 얻은 생산물에 관련된 발명도 특허를 받을 수 있다.131)

---

124) Directive 98/44/EC of the European Parliament and of the Council of 6 July 1998 on the legal protection of biotechnological inventions. Official Journal L 213, 30/07/1998 P.0013–0021. http://eur-lex.europa.eu/legal-content/EN/TXT/?uri=CELEX:31998L0044.

125) 생명공학지침 제3조 1항.

126) 생명공학지침, 제2조 1항 (a) 및 2항.

127) 생명공학지침 제3조 2항.

128) 생명공학지침 제4조 1항.

129) 생명공학지침 제4조 2항.

130) 미생물학적 방법(microbiological process)이란 미생물학적 물질에 이용되거나 미생물학적 물질에 의하여 수행되거나 또는 미생물학적 물질을 발생시키는 방법을 의미한다. 생명공학지침, 제2조 1항 (b).

생물학적 물질에 대한 특허는 그 생물학적 물질을 번식이나 증식하여 얻은 동일한 특성을 지닌 동일한 또는 상이한 형태의 모든 생물학적 물질에까지 미친다. 생물학적 물질의 생산방법에 대한 특허는 그 방법을 통하여 직접적으로 얻은 생물학적 물질과 번식이나 증식에 의하여 직접적으로 얻은 동일한 특성을 지닌 동일한 또는 상이한 형태의 모든 생물학적 물질에까지 미친다.132) 또한 유전정보로 구성되어 있거나 유전정보를 포함하고 있는 생산물에 대한 특허는 제5조 1항에 규정된 경우를 제외하고 그 생산물이 결합되어 있거나 유전정보가 포함되어 그 기능을 수행하는 모든 물질에까지 미친다.133) 다만, 생물학적 물질이 특허권자나 그의 동의에 의하여 회원국의 영토 내에서 시장에 반입된 경우에 생물학적 물질을 계속하여 번식이나 증식에 이용하지 아니하고 생물학적 물질을 비상업적 목적으로 번식이나 증식으로 얻은 물질에는 미치지 아니한다.134)

한편, 농업상 목적으로 특허권자에 의하여 또는 그의 동의하에서 농부에게 식물번식물질(plant propagating material)을 판매하거나 기타 방식으로 상업화하는 것은 그 농부가 자신의 농장에서 스스로 번식이나 증식을 위하여 수확한 생산물을 이용하도록 허락함을 의미하며, 이러한 적용면제의 범위와 조건은 유럽공동체 식물품종보호규칙[Council Regulation (EC) No 2100/94] 제14조의 범위와 조건에 따른다.135)

육종자가 선행 특허권을 침해하지 아니하고는 식물품종보호권을 취득하거나 이용할 수 없는 경우 보호되는 식물품종의 이용에 필요

---

131) 유럽연합 생명공학지침 제4조 3항.

132) 생명공학지침 제8조.

133) 생명공학지침 제9조.

134) 생명공학지침 제10조.

135) 생명공학지침 제11조.

한 한도에서 적정한 로열티의 지급을 조건으로 특허로 보호되는 발명의 비배타적 이용을 위한 강제실시를 청구할 수 있다. 회원국들은 강제실시권이 허여되는 경우 특허권자가 보호되는 식물품종의 이용에 대한 합리적인 조건으로 상호 실시할 수 있는 권리가 있음을 규정하여야 한다.[136] 반대로 특허권자가 선행 식물품종보호권을 침해하지 아니하고는 특허권을 이용할 수 없는 경우 특허권의 이용에 필요한 한도에서 적정한 로열티의 지급을 조건으로 품종보호권의 비배타적 이용을 위한 강제실시를 청구할 수 있다.[137] 이때 강제실시권을 청구하는 자는 그들이 특허권자나 식물품종보호권자에게 라이선스 계약을 요청하였지만 실패했다는 것과, 품종보호권 또는 발명이 상당한 기술적 진보를 이룬 것이라는 점을 증명해야 한다.[138]

2008년부터 2014년까지의 유럽특허 출원 및 등록현황은 다음과 같다.[139] 등록 건수는 과거의 출원건수에 의해 증가하는 모습을 보여주고는 있지만, 출원 건수는 급격히 줄어들고 있음을 알 수 있다.

[표 20] 2008-2014 유럽연합 특허 출원 및 등록 현황

	2008	2009	2010	2011	2012	2013	2014	총 합계
출원건수	276	215	177	167	78	0	0	913
등록건수	4	6	28	45	52	64	23	222

* 2014년 5월 27일 기준.

---

136) 생명공학지침 제12조 1항.
137) 생명공학지침 제12조 2항.
138) 생명공학지침 제12조 3항.
139) 이 분석은 한국, 미국, 일본, 중국, 유럽연합 특허청에서 2008년 1월부터 분석기준일인 2014년 5월 사이에 출원, 등록된 특허와 PCT출원특허 중, Main IPC가 A01H 또는 Main IPC가 C12N이면서 보조IPC가 A01H인 특허를 대상으로 분석수행하였다.

[그림 17] 2008-2014 유럽연합 특허 출원 및 등록 동향

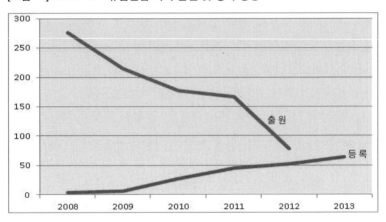

주요 IPC를 살펴보면, C12N-015(돌연변이 또는 유전공학)가 가장 많은 부분을 차지하고 있으며, 이 밖에 A01H-005(개화식물 육종처리 및 조직배양기술), A01H-001(육종처리 기술)이 중요한 분야로 나타나고 있다.

[그림 18] 2008-2014 유럽연합 특허 IPC 현황

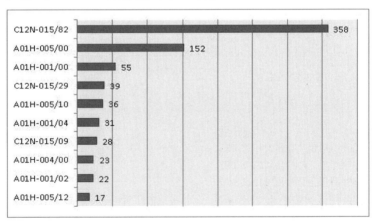

주요 출원인으로는 다국적 종자기업들이 큰 비중을 차지하고 있
다. 다른 국가들에 비해 BASF(독일), 신젠타(스위스), Rijk Zwaan(네
덜란드) 등 유럽에 본사를 둔 종자기업들이 상위에 랭크되고 있다.

[그림 19] 2008-2014 유럽연합 특허 주요 출원인

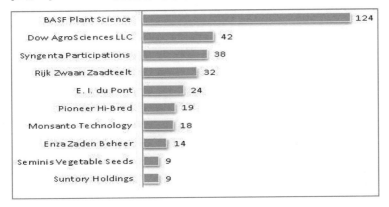

3) 일 본

일본은 1885년 특허법 제정 이후 특별한 제한규정 없이 신규 식
물이나 식물소재의 생물학적 육종방법 등 식물과 관련한 발명에 대
해 특허법으로 보호되도록 하고 있었다. 다만, 과거 일본에서는 식
물신품종의 발명은 육종과정의 반복가능성의 결여로 인해 특허성
을 인정할 것인지에 대해 부정적이었다. 하지만 미국과 유럽의 식
물신품종보호를 위한 특별법 및 특허법의 확충 추세에 부응하여,
1975년 산업별 심사기준을 마련하여 식물신품종의 경우 육종과정
의 재현 확률이 높고 낮음을 가리지 않고 '이론적 반복가능성'이 있
으면 식물의 특허를 인정하기 시작했다. 이때부터 식물에 대한 특
허가 실질적으로 확대되기 시작하였다.[140]

---

140) 정상빈 외, "GSP 주요 종자 수출국의 종자 관련 법·제도·정책동향 분

종자 관련 일본특허 출원 및 등록 현황은 다음과 같다.[141] 과거의
출원 건수에 의해 등록 건수는 증가하는 것으로 보이지만, 출원 건
수는 정체 및 감소 추세에 있는 것으로 보인다.

[표 21] 2008-2014 일본특허 출원 및 등록 현황

	2008	2009	2010	2011	2012	2013	2014	총 합계
출원건수	206	169	200	142	95	41	1	854
등록건수	19	21	26	52	78	83	14	293

* 2014년 5월 27일 기준.

[그림 20] 2008-2014 일본특허 출원 및 등록 동향

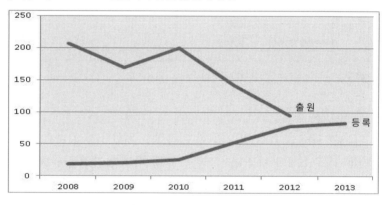

주요 IPC를 살펴보면, C12N-015(돌연변이 또는 유전공학)가 가장 많
은 부분을 차지하고 있으며, 이 밖에 A01H-005(개화식물 육종처리 및 조
직배양기술), A01H-001(육종처리 기술)이 중요한 분야로 나타나고 있다.

석," 농림수산식품기술기획평가원, 2014.4, pp.145-146.
141) 이 분석은 한국, 미국, 일본, 중국, 유럽연합 특허청에서 2008년 1월부터
    분석기준일인 2014년 5월 사이에 출원, 등록된 특허와 PCT출원특허 중
    Main IPC가 A01H 또는 Main IPC가 C12N이면서 보조IPC가 A01H인 특허
    를 대상으로 분석수행하였다.

[그림 21] 2008-2014 일본특허 출원 IPC 현황

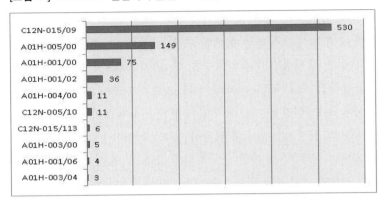

주요 출원인은 다음과 같다. 주요 다국적 종자기업의 출원이 많
은 것을 알 수 있다.

[그림 22] 2008-2014 일본특허 주요 출원인

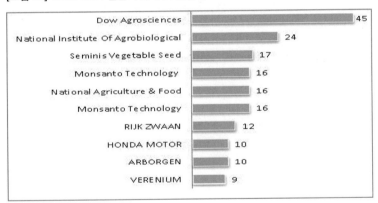

4) 중　국

중국 특허법은 제25조에서 i) 과학발견, ii) 지적활동의 규칙 및 방
법, iii) 질병의 진단 및 치료방법, iv) 동물 및 식물 품종, v) 원자핵
변환방법을 사용하여 획득한 물질에 대해서는 특허권을 부여하지

않는 것으로 규정하고 있다. 따라서 원칙적으로 식물 품종은 특허를 받을 수 없다. 다만, 단서 규정에서 동물 및 식물 품종의 '생산방법'에 대해서는 특허를 부여할 수 있는 것으로 규정하고 있다.[142] 이와 같은 생산방법이 특허가능한 대상이기 위해서는 "본질적으로 생물학적인 프로세스(essentialy biological proceses)"에 의하지 아니하여야 하고, 인간의 기술적 개입이 생산 프로세스의 결과나 효과를 이루는 데 결정적인 요소에 해당하는 경우이어야 한다.[143]

2008년 이후 종자 관련 중국특허의 출원 및 등록 현황은 다음과 같다.[144] 출원건수와 등록건수 모두 상당히 증가하고 있는 것으로 나타나고 있다.

[표 22] 2008-2014 중국특허 출원 및 등록 현황

	2008	2009	2010	2011	2012	2013	2014	총 합계
출원건수	599	679	1,005	1,206	1,288	1,416	40	6,233
등록건수	114	93	203	388	718	860	222	2,598

* 2014년 5월 27일 기준.

---

142) 중국 특허법 제25조.
143) 정상빈 외, "GSP 주요 종자 수출국의 종자 관련 법 · 제도 · 정책동향 분석," 농림수산식품기술기획평가원, 2014.4, pp.146-147.
144) 이 분석은 한국, 미국, 일본, 중국, 유럽연합 특허청에서 2008년 1월부터 분석기준일인 2014년 5월 사이에 출원, 등록된 특허와 PCT출원특허 중 Main IPC가 A01H 또는 Main IPC가 C12N이면서 보조IPC가 A01H인 특허를 대상으로 분석수행하였다.

[그림 23] 2008-2014 중국특허 출원 및 등록 동향

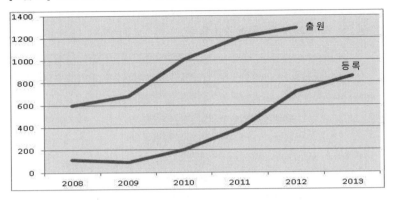

주요 IPC를 살펴보면, A01H-004/00(Plant reproduction by tissue culture techniques)이 가장 많은 출원을 보이고 있으며, 다음으로는 A01H-001/02(Methods or apparatus for hybridisation; Artificial pollination), C12N-015(돌연변이 또는 유전 공학) 등이 중요한 분야로 나타나고 있다.

[그림 24] 2008-2014 중국특허 IPC 현황

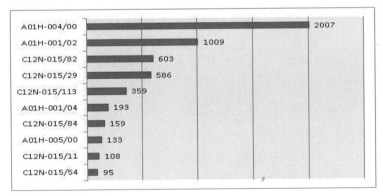

중국특허의 주요 출원인은 다음과 같다. 한국과 마찬가지로, 중국의 경우 종자 기업보다는 대학 및 연구소를 중심으로 출원이 이

루어지고 있음을 알 수 있다.

[그림 25] 2008-2014 중국특허 주요 출원인

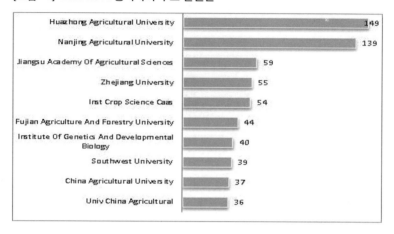

(3) 국내 종자 관련 특허제도와 현황

1) 주요 내용

특허법은 '발명'을 그 보호대상으로 하며, 이때 발명이란 "자연법 칙을 이용한 기술적 사상의 창작으로서 고도한 것"을 말한다. 종자 에 관한 기술적 사상의 창작이 발명으로서 특허법의 보호대상이 될 수 있는가에 대해, 구 특허법은 '무성적으로 반복생식할 수 있는 변 종식물'을 특허의 대상으로 규정하고 있었다. 그런데, 특허청은 2006년 무성번식식물에 관한 규정을 삭제하고 무성번식식물과 유 성번식식물을 구분하지 않고 특허법의 보호대상으로 취급하고 있 다. 미국, 일본 등 주요 국가들이 일반적인 특허요건을 충족하는 경 우 유·무성번식식물 여부에 관계없이 식물관련 발명을 보호하려 는 국제적인 추세를 반영한 것이다.145)

---

145) 박재현, "식물특허법 개정에 따른 종자관련 발명의 지재권 보호방안 연

특히 식물과 관련하여, 특허청 생명공학분야 심사기준에 의하면 신규식물 자체 또는 신규식물의 일부분에 관한 발명, 신규식물의 육종방법에 관한 발명 및 식물의 번식방법에 관한 발명이 특허요건을 충족할 경우 특허받을 수 있는 것으로 취급하고 있다.146) 현행 특허심사기준에 의할 경우, 식물에 관련된 발명으로는 다음과 같은 것들이 있다.

첫째, 신규 식물군 그 자체에 관한 발명이다. 신규식물이란 유전적으로 발현되는 특성 중 한 가지 이상의 특성이 다른 식물군과는 상이한 식물군을 말한다.

둘째, 신규 식물군의 그룹도 특허법상 보호대상이 되는 발명이 될 수 있다.

셋째, 신규식물의 일부분에 관한 발명이다. 신규식물의 일부분에 관한 발명이란 종자, 과실, 화분 등에 관한 발명을 의미한다.

넷째, 신규식물의 육종방법에 관한 발명도 보호대상이 될 수 있다.

다섯째, 식물의 번식방법에 관한 발명도 보호대상이 될 수 있다. 식물의 번식방법에 관한 발명이라 함은 식물의 유성번식방법에 관한 발명 또는 식물의 무성번식방법에 관한 발명을 말한다.

여섯째, 분화되지 않은 식물의 세포 및 조직 배양물에 관련된 발명이다. 이에 대해서는 미생물관련 발명의 심사기준이 적용된다.

일곱째, 식물에 관한 발명으로서 유전공학 기술이 관련된 발명이다. 이에 대해서는 유전공학관련 발명에 관한 심사기준이 적용된다.

구," 특허청, 2009, 64면.
146) 화학분야산업부문별 심사기준: 생명공학분야, 특허청, 2010.

발명 사례 (몬산토)

발명의 명칭: 형질전환 계통 MON89034에 해당하는 옥수수 식물 및 종자와 이의 검출 방법 및 사용

요약: 본 발명은 형질전환 옥수수 계통 MON89034 및 상기 옥수수 계통에 대하여 진단성인 DNA를 포함하는 세포, 종자, 및 식물을 제공한다. 또한 본 발명은 샘플에서 옥수수 계통에 대하여 진단성인 뉴클레오티드를 포함하는 조성물, 샘플에서 옥수수 계통 뉴클레오티드 서열의 존재를 검출하는 방법, 샘플에서 옥수수 계통의 존재에 대하여 진단성인 뉴클레오티드 서열을 검출하는 데 사용되는 프로브 및 프라이머, 이러한 옥수수 계통의 종자를 옥수수 식물로 성장 및 옥수수 계통에 진단성인 DNA를 포함하는 옥수수 식물을 생산하기 위한 생육법을 제공한다.

특허청구의 범위:

청구항 1

Cry2Ab 및 Cry1A.105를 코딩하는 DNA 삽입물, 서열번호: 1의 뉴클레오티드 서열을 갖는 DNA, 및 서열번호: 2의 뉴클레오티드 서열을 갖는 DNA를 포함하는, 형질전환 곤충저항성 옥수수 식물.

...

청구항 7

제1항 내지 제6항 중 어느 한 항에 따른 옥수수 식물로부터 유래된 조성물로서, 상기 조성물은 검출가능한 양의 서열번호: 1 및 서열번호: 2를 포함하고, 상기 조성물은 옥수수 가루, 옥수수 오일, 옥수수 케이크, 옥수수 배아, 옥수수 전분, 옥수수 분말, 옥수수 화분, 옥수수 실크, 옥수수 담금 액, 옥수수 맥아, 옥수수 당, 옥수수 시럽, 옥수수 오일로부터 생산된 마가린, 주정박(DDGS), 화장품 및 증량제로부터 선택되는 것인 조성물.

청구항 8

다음을 포함하는, 곤충 저항성 옥수수 식물의 생산 방법:
(a) 제1항 내지 제6항 중 어느 한 항의 옥수수 식물을 이와 다른 옥수수 식물

과 교배시키는 단계;

(b) 상기 (a)의 교배로부터 유래된 적어도 하나의 자손 식물을 얻는 단계; 및

(c) 서열번호: 1 및 서열번호: 2의 뉴클레오티드 서열을 포함하는 자손을 선별하는 단계,

여기에서, 선별된 자손은 곤충 저항성 옥수수 식물이다.

청구항 10

Cry2Ab 및 Cry1A.105를 코딩하는 DNA 삽입물, 서열번호: 1의 뉴클레오티드 서열을 갖는 DNA, 및 서열번호: 2의 뉴클레오티드 서열을 갖는 DNA를 포함하는, 형질전환 곤충저항성 옥수수 식물의 종자.

　…

청구항 15

Cry2Ab 및 Cry1A.105를 코딩하는 DNA 삽입물, 서열번호: 1의 뉴클레오티드 서열을 갖는 DNA, 및 서열번호: 2의 뉴클레오티드 서열을 갖는 DNA를 포함하는, 형질전환 곤충저항성 옥수수 식물 세포.

　…

청구항 21

제1항 내지 제6항 중 어느 한 항의 형질전환 옥수수 식물의 세포 또는 세포들 또는 조직 또는 조직들을 살충 유효량으로 옥수수의 나비목 해충의 먹이로 제공하는 것을 포함하는, 곤충 침입으로부터 옥수수 식물의 보호 방법

　…

청구항 27

제1의 DNA 분자 및 제2의 DNA 분자를 포함하는 한 쌍의 DNA 분자들:

여기에서, 상기 제1의 DNA 분자 및 제2의 DNA 분자는 각각 옥수수 식물 MON89034 또는 그의 자손으로부터 추출된 DNA에 대하여 진단성인 DNA 프라이머들 또는 프로브들로서 작용하는, 서열번호: 3 또는 서열번호: 4 또는 서열번호: 5의 적어도 20개의 연속적인 뉴클레오티드들 또는 이들의 상보체를 포함한다.

　…

청구항 31

다음을 포함하는, 옥수수 DNA를 포함하는 생물학적 샘플에서 옥수수 계통 MON89034 DNA의 존재의 검출 방법:

(a) 상기 생물학적 샘플을, 제27항 내지 제29항 중 어느 한 항에 따른 한쌍의 DNA 분자들을 포함하는 DNA 프라이머 쌍과 접촉시키는 단계;

(b) 핵산 증폭 반응 조건을 제공하는 단계;

(c) 상기 핵산 증폭 반응을 수행하여, DNA 증폭산물 분자를 생산하는 단계; 및

(d) 상기 DNA 증폭산물 분자를 검출하는 단계,

여기에서 서열번호: 1, 서열번호: 2 및 이들의 상보체의 적어도 하나를 포함하는 증폭산물의 검출은 상기 생물학적 샘플에서 옥수수 계통 MON89034 DNA의 존재를 나타낸다.

…

청구항 36

옥수수 계통 MON89034 또는 그것의 자손에 대하여 특이적인 DNA 프라이머 또는 프로브로 작용하는, 서열번호: 3, 서열번호: 4 또는 서열번호: 5와 상동성 또는 상보성인 적어도 20개의 연속적인 뉴클레오티드를 포함하는 적어도 하나의 DNA 분자를 포함하는 DNA 검출 키트.

특허법은 새로운 발명에 대해 산업상 이용가능성, 신규성, 진보성의 요건을 갖추고 일정한 형식으로 출원하여 심사를 받고 등록한 경우에 특허권을 부여하고 있다. 식물에 관한 발명도 특허권에 의한 보호를 받기 위해서는 이러한 특허요건을 충족시켜야 한다. 그런데 식물에 관한 발명의 특허요건에 관하여는 몇 가지 쟁점이 있다. 예를 들어 대법원은 "작물의 재배과정에서 발견된 우수한 특성을 가진 변종식물을 육종하여 형질을 고정시킨 경우 그 육종방법에 특허성이 있는지 여부는 별론으로 하고 변종식물 그 자체는 특허의 대상이 될 수 없다"고 보았으며,[147] "출원발명의 명세서에는 그 출발이 된 배나무와 같은 특징을 가지고 있는 배나무 가지를 돌연변

이시키는 과정에 대한 기재가 없고, 또 자연상태에서 그러한 돌연
변이가 생길 가능성이 극히 희박하다는 점은 자명하므로, 그 다음
의 과정인 아접에 의한 육종과정이 용이하게 실시할 수 있다고 하
더라도 출원발명 전체는 그 기술분야에서 통상의 지식을 가진 자가
용이하게 재현할 수 있을 정도로 기재되었다고 할 수 없어" 특허를
받을 수 없는 것으로 보았다.148) 이와 같이 판례가 신규 식물발명에
서의 반복재현성을 신규의 변종식물을 교배 또는 돌연변이를 통하
여 얻는 과정과, 그 변종식물의 형질을 고정시켜 자손대까지 전달
하는 과정 모두에 대하여 존재할 것을 요구함에 따라 반복재현성의
요건을 갖추는 것이 쉽지 않다.149) 다만, 미생물관련발명에서 이용
되던 미생물기탁제도에 기탁대상으로 종자를 편입시킴으로써 반복
재현성의 요건을 충족시키고자 하고 있다.

　신규성과 관련하여, 식물신품종보호법상의 품종보호출원이 이루
어지고 공개공보가 먼저 발행된 경우 신규성 상실로 특허가 거절된
사례가 있다.150) 하지만 품종보호출원서의 기재내용으로 당업자 수

---

147) 대법원 2004.10.28, 2002후2488.

148) 대법원 1997.7.25, 96후2531. 특허법원 또한 "이 사건 출원발명의 변종식
　　물은 위와 같은 교배를 통하여 얻어진 '황색 플로리분다 장미 식물 No.
　　966'의 재배과정에서 변이가 일어난 것을 우연히 발견하여 고정한 변종식
　　물인바, 통상 자연에서 발생하는 이러한 변이는 돌연변이에 의한 것으로
　　그 발현 가능성이 확률적으로 말할 수 없을 정도로 희박하므로, 이 사건 출
　　원발명은 어느 모로 보나 반복재현성이 인정되지 않는다"고 판단하였다.
　　특허법원 2002.10.10, 2001허4722.

149) 서영철, "신규 식물발명에 관한 보호법규(上)," 법조 617호, 2008.2, 436
　　면.

150) 특허출원 2000-54639호 「식물 신품종 쌈추 및 그 육종방법」은 특허출원
　　보다 국립종자관리소의 품종등록출원을 먼저 하였고, 공개공보의 발행으
　　로 인해 특허법 제29조 제1항의 제2호의 신규성 상실로 거절결정되었다.
　　박재현, "식물특허법 개정에 따른 종자관련 발명의 지재권 보호방안 연구,"
　　특허청, 2009, 27면. 아울러 품종보호출원도 균일성 요건이 구비되지 않았
　　다는 이유로 거절사정되었다. 서영철, 앞의 논문(上), 425면 각주 9) 참조.

준에서 해당 발명을 재현할 수 있는 경우가 아니라면 거절결정의 비교대상발명으로 삼지 않아야 한다.[151] 아울러 야외에서 육종된 경우 내재된 생태적 특성이나 유전자 구조를 외부에서 쉽게 파악할 수 없으므로, 단지 야외에서 육종된 사실만으로는 신규성이 부정된 다고 보기는 어렵다.[152]

또한 특허법 제32조는 "공공의 질서 또는 선량한 풍속을 문란하 게 하거나 공중의 위생을 해할 염려가 있는 발명"은 특허를 받을 수 없는 것으로 규정하고 있는데, 특허청은 심사기준을 통해 식물에 관련된 발명이 생태계를 파괴할 우려가 있거나, 환경오염을 초래할 우려가 있는 발명, 인간에게 위해를 끼칠 우려가 있거나 인간의 존 엄성을 손상시키는 결과를 초래할 수 있는 발명, 인간을 배제하지 않은 형질전환체에 관한 발명, 「생명윤리 및 안전에 관한 법률」에 의해 금지되는 행위 또는 연구 성과물에 관한 발명에 대해서는 등 록을 거절하고 있다.[153]

특허권이 발생하면 특허권자는 업으로서 그 특허발명을 실시할 권 리를 독점한다.[154] 다만, i) 연구 또는 시험을 하기 위한 특허발명의 실시, ii) 국내를 통과하는 데 불과한 선박·항공기·차량 또는 이에 사용되는 기계·기구·장치 기타의 물건, iii) 특허출원 시부터 국내에 있는 물건에 대해서는 특허권의 효력이 미치지 않으며, iv) 2 이상의 의약을 혼합함으로써 제조되는 의약의 발명 또는 2 이상의 의약을 혼 합하여 의약을 제조하는 방법의 발명에 관한 특허권의 효력은 「약사 법」에 의한 조제행위와 그 조제에 의한 의약에는 미치지 않는다.[155]

---

151) 박재현, "식물특허법 개정에 따른 종자관련 발명의 지재권 보호방안 연 구," 특허청, 2009, 27면.
152) 서영철, 앞의 논문(上), 440-441면.
153) 특허청, 산업부문별 심사기준: 생명공학분야 (2010) 1.2 불특허사유에 해 당하는 발명.
154) 특허법 제94조.

한편 식물에 관한 특허의 효력과 관련해서 몇 가지 쟁점들이 있다. 예를 들어, 물건발명의 실시란 "그 물건을 생산·사용·양도·대여 또는 수입하거나 그 물건의 양도 또는 대여의 청약을 하는 행위"를 말하는데,156) 여기서 '생산'의 개념이 식물자체 발명에 적용하기에는 그 의미가 포괄적이고 추상적인 면이 있다.157) 식물은 자체적으로 분화 및 증식능력이 있으므로, '생산'이 육종, 증식, 분화, 채종, 재배 등의 여러 행위 중 구체적으로 어느 것을 포함하는지가 명확하지 않다.158) 이와 관련하여 식물신품종보호법은 실시의 개념에 '증식'을 명확히 포함시키고 있다.159)

또한 식물관련 발명에 권리소진의 원칙을 적용할 경우 그 범위와 관련하여 다양한 쟁점들이 존재한다. 구체적으로 살펴보면, 해당 식물체에서 증식된 식물에까지 권리가 소진되었다고 볼 것인지의 여부, 특허청구항이 다항제로 기재되어 있는 경우 어느 하나의 식물발명에 관한 청구항이 소멸된 경우 이에 관련된 다른 청구항도 소진되었다고 볼 것인지의 여부, 식물 또는 종자를 적법하게 구입하여 이를 생물학적, 화학적 처리에 의해 개량해서 실시하는 경우에도 권리소진이 되는지의 여부, 식물의 육종방법에 관한 특허권이 소진되는 경우 이러한 육종방법에 의해 만들어진 식물에 대해서도 특허권이 소진되는지의 여부, 권리소진을 제한하는 조건이 있는 경우의 취급 등에 관한 문제들이 존재한다.160)

---

155) 특허법 제96조.
156) 특허법 제2조 3호.
157) 박재현, "식물특허법 개정에 따른 종자관련 발명의 지재권 보호방안 연구," 특허청, 2009, 132면.
158) 서영철, 앞의 논문(上), 451면.
159) 식물신품종보호법 제2조.
    7. "실시"란 보호품종의 종자를 증식·생산·조제·양도·대여·수출 또는 수입하거나 양도 또는 대여의 청약(양도 또는 대여를 위한 전시를 포함한다. 이하 같다)을 하는 행위를 말한다.

2) 국내 출원 및 등록 동향

2008년부터 2014년 5월까지 종자에 관한 국내 특허 출원 및 등록 현황은 다음과 같다.[161] 출원건수는 2010년 207건을 정점으로 다소 정체기에 있는 것으로 보이며, 등록건수는 과거 출원증가에 비례하여 최근까지 지속적인 증가세를 보이고 있다.

[표 23] 2008-2014 한국특허 출원 및 등록 동향

	2008	2009	2010	2011	2012	2013	2014	총 합계
출원건수	93	156	207	170	169	27	1	823
등록건수	31	12	14	44	122	183	73	479

* 2014년 5월 27일 기준.

[그림 26] 2008-2014 한국특허 출원 및 등록 동향

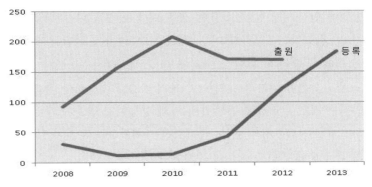

---

160) 자세한 내용은 A. Bryan Endres, "State Authorized Seed Saving: Political Pressures and Constitutional Restraints," 9 Drake J. Agric. L. 323, p.332 이하; 박재현, "식물특허법 개정에 따른 종자관련 발명의 지재권 보호방안 연구," 특허청, 2009, 135~141면 참조.

161) 이 분석은 한국, 미국, 일본, 중국, 유럽연합 특허청에서 2008년 1월부터 분석기준일인 2014년 5월 사이에 출원, 등록된 특허와 PCT출원특허 중 Main IPC가 A01H 또는 Main IPC가 C12N이면서 보조IPC가 A01H인 특허를 대상으로 분석수행하였다.

관련 특허의 주요 IPC를 살펴보면, A01H-005(개화식물 육종처리
및 조직배양기술)이 가장 많은 부분을 차지하고 있으며, 이 밖에
C12N-015(돌연변이 또는 유전공학), A01H-004(조직배양기술에 의한 식
물의 증식)이 중요한 분야로 나타나고 있다.

[그림 27] 2008-2014 한국특허 IPC 현황

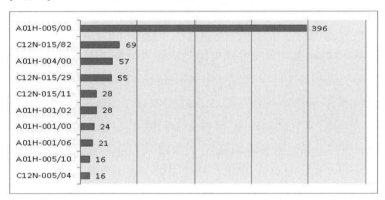

국내 특허의 주요 출원인으로는 외국계 기업(다우, 세미니스, 몬산
토)을 제외하면, 공공 연구소 및 대학, 국가기관이 대부분임을 알 수
있다.

[그림 28] 2008-2014 한국특허 주요 출원인

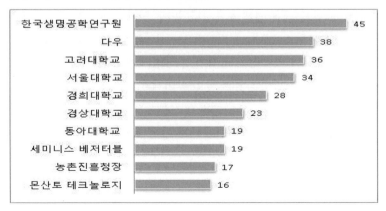

4. 품종보호권과 특허권의 관계

종자분야의 특허제도와 품종보호제도는 서로 다른 필요에 의해 서로 다른 역사적 맥락 속에서 발전해 왔다. 그 결과 보호의 요건 및 절차, 권리의 효력에 있어서 어느 정도의 차이를 가지고 있다. 1961년과 1978년의 UPOV 조약이나 유럽특허조약 등의 법제에서는 동일한 식물 품종에 대한 중첩 보호의 문제가 발생하지 않도록 시도해 왔지만, WTO/TRIPs 등 국제조약과 미국, 일본, 우리나라 등의 법제에서는 동일 품종에 대해 두 보호체계의 중첩적인 보호를 허용하는 방향으로 나아가고 있다. 중첩적인 보호체계 그 자체가 문제가 있는 것은 아니지만, 품종보호권과 특허권 간의 관계와 그로 인해 발생할 수 있는 쟁점들에 대해 명확한 규정이 없는 결과, 몇 가지 문제점이 발생할 수 있는 가능성이 있다. 예를 들면, 품종보호권과 특허권 간에 이용·저촉관계가 존재하고 각각의 권리자가 서로 다름에도 불구하고, 각자의 실시에 허락이 필요한지 여부는 불명확하다. 이 밖에도 각 권리의 등록요건이나 효력범위의 차이로 인해 출원인을 포함한 관련 업계에 혼란을 줄 수 있다는 지적도 있다. 예를 들면, 식물신품종보호법과 특허법 모두 '신규성'을 등록요건으로 하고 있지만 그 의미에 있어서 약간의 차이가 있는가 하면, 식물신품종보호법에서 규정하고 있는 예외규정(예를 들면, 농민의 자가채종 또는 육종가의 다른 품종 육성을 위한 보호품종의 실시)에 익숙한 국내 종자산업계는 이러한 예외를 인정하지 않는 특허법 보호체계에 당황스러울 수 있다.

(1) 품종보호권과 특허권의 중첩보호

식량안보 및 산업적 측면에서 최근 전 세계적으로 종자산업의 중요성이 부각되고 있으며, 몬산토 등 다국적 종자기업들은 대규모 투자를 함과 동시에 그 결과물에 대해서는 지식재산권 보호를 받기 위한 노력을 하고 있다. 현행법상 새로운 식물 품종은 식물신품종보호법과 특허법에 의한 중첩적 보호가 가능한데, 그 결과 동일 또는 관련된 품종에 대해 품종보호권과 특허권 간의 이용 및 저촉관계가 발생할 수 있다. 그런데, 품종보호권과 특허권의 이용·저촉관계와 관련하여 현행 법률들은 명시적인 규정을 두고 있지 않다. 특허권과 다른 지식재산권과의 이용·저촉관계에 대해서 특허법 제98조는 타인의 특허발명·등록실용신안 또는 등록디자인이나 이와 유사한 디자인과의 이용관계와, 타인의 디자인권 또는 상표권과의 저촉관계에 대해서는 규정하고 있지만, 품종보호권과의 이용·저촉관계에 대해서는 침묵하고 있다. 종자를 둘러싼 지식재산권의 중요성이 높아지고 있는 현재, 이와 같은 현행법의 태도는 문제가 있다. 이 장에서는 품종보호권과의 관계를 고려하여 특허법 제98조, 제105조 및 제138조의 개정 방안을 구체적으로 제시하는 한편, 식물신품종보호법에도 특허권과의 관계에 관한 조항, 통상실시권 허여의 심판에 관한 조항, 특허권 존속기간 만료후의 통상실시권에 관한 조항을 새롭게 도입하는 방안을 제시함으로써 품종보호권과 특허권의 이용·저촉관계를 규율하는 제도적 개선안을 제안한다.

1) 중첩보호를 금지하는 사례

식물의 신품종을 보호하기 위한 새로운 법체계가 만들어지던 초기에는 특허법 등과의 이중 보호를 방지하기 위한 조치들이 있었다. 예를 들어, 1961년과 1978년 UPOV 조약은 회원국들로 하여금 육종가들의 권리를 특허권이나 또는 특별법(a special title of protection)에 의해 보호할 것을 요청하면서도, 하나의 동일한 식물 품종(the same botanical genus or species)에 대해서는 두 가지 권리 중 오직 하나의 권리로만 보호할 것을 요구하였다.162) 이와 같은 조항에 의해 동일한 식물품종에 대한 이중보호의 문제가 발생하지 않도록 원천적으로 제한한 것이다. 그런데 1961년 및 1978년 UPOV 협약에서 규정되었었던 이중보호금지 규정은 미국 등의 요청에 의해 1991년 UPOV 조약에서는 삭제되었다. 그 결과 UPOV 조약은 이중보호를 암묵적으로 허용하는 형태가 되었다. 하지만 그로 인해 발생할 충돌이나 문제점을 규율하는 조항은 마련되지 않았다. 그와 같은 내용은 개별 회원국들의 국내법에 맡겨졌다.

유럽특허조약(EPC) Article 53(b)는 1961년 및 1978년 UPOV 조약의 이중보호금지 규정을 반영하여, 식물품종을 특허보호대상에서 제외하고 있다.163) UPOV 조약의 이중보호금지 규정은 1991년 조약에서 삭제되었지만, EPC는 Article 53(b)의 관련 규정을 그대로 유지하고 있다. 아울러 1994년 유럽연합은 공동체 식물품종보호권

---

162) UPOV Act of 1961 and 1978, Article 2.

   (1) Each member State of the Union may recognize the right of the breeder provided for in this Convention by the grant either of a special title of protection or of a patent. Nevertheless, a member State of the Union whose national law admits of protection under both these forms may provide only one of them for one and the same botanical genus or species.

163) EPC, Article 53 Exceptions to patentability

   European patents shall not be granted in respect of:

   (a) inventions the publication or exploitation of which would be contrary to "ordre public" or morality, provided that the exploitation shall not be deemed to be so contrary merely because it is prohibited by law or regulation in some or all of the Contracting States;

   (b) plant or animal varieties or essentially biological processes for the production of plants or animals; this provision does not apply to microbiological processes or the products thereof.

(Community Plant Variety Rights: CPVR)을 창설하는 규정을 채택했는데, 동 규정은 EPC의 관련 규정을 고려하여, 식물품종(plant varieties as such)에 특허권을 부여하는 것을 금지하는 체제를 구축하였다.164) 중국의 경우 1997년 3월 「중화인민공화국 식물신품종보호조례」를 공포하였고, 1999년 UPOV(1978년판) 조약에 가입함으로써 품종보호권 보호를 위한 토대를 마련하기 시작했다.165)166) 반면 중국 특허법은 동물 및 식물 품종에 대해서는 특허권을 부여하지 않는 것으로 규정하여, 원칙적으로 식물 품종은 특허를 받을 수 없다. 다만, 식물 품종의 '생산 방법'에 대해서는 특허를 부여할 수 있는 것으로 규정하고 있다.167)

한편 1998년 유럽연합은 생명공학지침168)을 채택하여 생명공학

---

164) European Union Council Regulation (EC) No. 2100/94, Article 92 Cumulative protection prohibited

    1. Any variety which is the subject matter of a Community plant variety right shall not be the subject of a national plant variety right or any patent for that variety. Any rights granted contrary to the first sentence shall be ineffective.

    2. Where the holder has been granted another right as referred to in paragraph 1 for the same variety prior to grant of the Community plant variety right, he shall be unable to invoke the rights conferred by such protection for the variety for as long as the Community plant variety right remains effective.

165) 정정길, "중국 종자산업의 발전 현황과 전망," 한국농촌경제연구원. http://www.krei.re.kr/web/www/50;jsessionid=FFF76324F6728A03EBF723B0F3B1F3C4?p_p_id=EXT_BBS&p_p_lifecycle=1&p_p_state=exclusive&p_p_mode=view&p_p_col_id=column-1&p_p_col_count=1&_EXT_BBS_struts_action=%2Fext%2Fbbs%2Fget_file&_EXT_BBS_extFileId=15809.

166) 신현주·최근진, "중국의 품종보호제도 및 최근 동향," 국립종자원. http://www.seed.go.kr/administration/overseas/overseas_view.jsp?seq=40&npage=16&category=0&key=&keyword=.

167) 중국 특허법 제25조.

관련 발명을 보호하기 위한 회원국들의 특허 관련 규정을 조화시키고자 했다. 동 지침은 식물 품종의 특허보호를 금지하는 EPC의 관련 조항을 존중하면서도, 특정한 식물이나 동물에 한정되지 않는 한 식물이나 동물에 관한 발명도 특허를 받을 수 있음을 명확히 하고 있다.[169] 그 결과, 제한적이긴 하지만, 유럽연합에서도 동일한 식물 품종에 대해 UPOV 보호체계와 특허 보호체계의 중첩적인 보호가 가능해진다. 예를 들면, 하나 이상의 품종을 아우르는 특허 청구항이거나, 프로세스 청구항에 의해 결과적으로 특허권의 보호를 받게 되는 품종, DNA 서열(sequence) 청구항에 의해 결과적으로 특허권의 보호를 받게 되는 품종의 경우에 관련 품종보호권과 중첩적으로 보호받게 될 가능성이 있다.[170]

2) 중첩보호를 인정하는 사례

WTO/TRIPs는 회원국으로 하여금 특허나 특별법 또는 두 가지를 조합하는 수단에 의해 식물신품종을 보호할 것을 요구함으로써, 보

---

168) DIRECTIVE 98/44/EC OF THE EUROPEAN PARLIAMENT AND OF THE COUNCIL of 6 July 1998 on the legal protection of biotechnological inventions. 이하 'EU biotech directive'라고 한다.

169) EU biotech directive, Article 4

　　1. The following shall not be patentable:

　　　(a) plant and animal varieties;

　　　(b) essentially biological processes for the production of plants or animals.

　　2. Inventions which concern plants or animals shall be patentable if the technical feasibility of the invention is not confined to a particular plant or animal variety.

　　3. Paragraph 1(b) shall be without prejudice to the patentability of inventions which concern a microbiological or other technical process or a product obtained by means of such a process.

170) Estelle Derclaye and Matthias Leistner, 「Intellectual Property Overlaps — A European Perspective」, Hart Publshing, 2011, pp.97-99.

호체계의 중첩을 명시적으로 허용하고 있지만, 그로 인해 발생할 수 있는 문제점에 대해서는 함구하고 있다.

미국의 경우 종자의 지식재산권 보호와 관련하여 무성번식식물은 식물특허법(the Plant Patent Act), 유성번식식물은 식물품종보호법(the Plant Varieties Protection Act)에 의해 보호해 왔다. 즉, 식물특허는 무성번식식물(괴경번식식물 제외)을 보호대상으로 하고,[171] 식물품종보호법은 유성번식식물(괴경번식작물 포함)을 보호대상으로 하고 있으므로, 원칙적으로 식물특허와 품종보호권 사이의 중첩 가능성은 없다. 그런데 2001년 미국 대법원은 J.E.M. AG Supply, Inc. v. Pioneer Hi-Bred Int'l., Inc. 판결에서 식물특허법과 식물품종보호법에 의한 보호 대상이 일반 특허권에 의해서도 보호받을 수 있음을 명확히 함으로써 보호체계의 중첩을 명확히 하였다.[172]

일본의 경우 특허법과 종묘법(種苗法)을 통해 식물신품종을 보호하고 있다. 1947년 종묘법을 제정하여 종자를 보호하기 시작하였으며, 1982년에 1978년 UPOV 조약에 가입하였고, 1998년에 1991년 UPOV 조약에 가입하였다.[173] 특허법의 경우 종래에는 육종과정의

---

171) 식물특허는 "괴경번식식물 또는 야생식물의 경우를 제외하고, 재배된 원예품종, 돌연변이에 의한 품종, 교잡종 및 새롭게 발견된 묘목을 포함한, 구별되고 신규한 식물품종"을 보호한다. 35 U.S.C. 161 Patents for plants. Whoever invents or discovers and asexually reproduces any distinct and new variety of plant, including cultivated sports, mutants, hybrids, and newly found seedlings, other than a tuber propagated plant or a plant found in an uncultivated state, may obtain a patent therefor, subject to the conditions and requirements of this title. The provisions of this title relating to patents for inventions shall apply to patents for plants, except as otherwise provided.

172) J.E.M AG Supply, Inc. v. Pioneer Hi-Bred International, Inc., 122 s. Ct. 593, 596 (2001).

173) 일본 농림수산성, 2007. 11. 국립종자원 번역자료 참조. http://www.seed.go.kr/administration/overseas/overseas_view.jsp?seq=75&npage=6

반복가능성의 결여로 인해 특허성을 인정할 것인지에 대해 부정적이었지만, 1975년 산업별 심사기준을 마련하여 식물신품종의 경우 육종과정의 재현 확률이 높고 낮음을 가리지 않고 '이론적 반복가능성'이 있으면 식물의 특허를 인정하기 시작했다.174) 종묘법과 특허법에 의한 이중보호를 금지하는 규정은 두고 있지 않기 때문에 법제적으로는 동일한 식물 품종에 대해 특허법과 종묘법이 중첩적으로 보호하는 것이 가능한 체제이다.

우리나라도 종자에 관한 지식재산권을 UPOV 체계와 특허 체계에 의해 중첩적으로 보호하고 있다. 지난 1995년 주요농작물종자법과 종묘관리법을 통합하여 종자산업법을 제정하였으며, 이 과정에서 WTO/TRIPs의 이행을 위해 식물신품종의 육성자 권리를 보호하는 제도를 도입하였고, 2013년 종자산업법상 식물신품종의 보호 및 품종명칭에 관한 사항을 분리하여 식물신품종보호법을 제정하였다. 특허법의 경우 종래에는 무성번식식물이 특허법에 보호될 수 있음을 규정하고 유성번식식물에 대해서는 별도의 규정이 없었지만, 2006년 무성번식식물에 관한 규정을 삭제하고 무성번식식물과 유성번식식물을 구분하지 않고 특허법의 보호대상으로 취급하고 있다.175)

(2) 품종보호권과 특허권의 효력범위의 차이

UPOV 조약은 육종가에게 생산 또는 증식, 증식 목적의 조제, 판매 또는 기타 마케팅, 수출, 수입 등의 행위를 할 수 있는 권리 등을 부여하면서도,176) 사적이며 비영리적인 목적의 행위, 시험 목적의

&category=0&key=&keyword= (2015.7.27. 최종방문).

174) 정상빈 외, "GSP 주요 종자 수출국의 종자 관련 법·제도·정책동향 분석," 농림수산식품기술기획평가원, 2014.4, pp.145-146.

175) 화학분야산업부문별 심사기준: 생명공학분야, 특허청, 2010.

행위, 다른 품종을 육종하기 위한 행위, 농부의 자가채종(회원국의 선택사항)에 대한 예외를 규정하고 있다.[177] 아울러, 육종가 권리의 소진[178]과 공익을 위한 권리행사의 제한[179]에 관한 규정을 두고 있다.

UPOV 조약에서 규정하고 있는 품종보호권의 효력과 예외에 관한 사항은 회원국들의 국내법에도 대부분 반영되어 있다. 예를 들어, 미국의 경우, 보호품종의 판매, 수입 및 수출, 증식 등의 행위를 침해행위로 규정하면서도, 사적이며 비영리적인 사용을 허용하며, 권리자에 의해 미국에서 판매된 보호품종의 권리 소진을 인정하고 있다.[180] 아울러 식물 육종 또는 기타 선의의 연구를 위한 보호품종의 사용 및 복제,[181] 일정한 한도 내에서 종자를 저장할 수 있는 권리,[182] 식량의 적절한 공급 등 공익을 위한 보호품종의 사용[183]에 대한 규정을 통해 품종보호권을 제한하고 있다.

일본의 경우에도, 신품종의 육성, 기타 시험 또는 연구를 위한 품종의 이용행위나, 농업을 영위하는 자가 등록품종을 이용하여 수확물을 얻고 그 수확물을 자기의 농업경영에 있어서 재차 종묘로서 이용하는 경우, 또는 육성권자 등이 등록품종 등을 양도했을 경우 그 양도된 종자·수확물 또는 가공품의 이용행위에는 육성자권의 효력이 미치지 않는 것으로 규정하고 있다.[184] 또한 등록품종 등의

---

176) UPOV, Article 14 Scope of the Breeder's Right 참조.

177) UPOV, Article 15 Exceptions to the Breeder's Right 참조.

178) UPOV, Articel 16 Exhaustion of the Breeder's Right 참조.

179) UPOV, Article 17 Restrictions on the Exercise of the Breeder's Right 참조.

180) 7 U.S.C. §2541. Infringement of plant variety protection.

181) 7 U.S.C. §2544. Research exemption.

182) 7 U.S.C. §2543. Right to save seed; crop exemption.

183) 7 U.S.C. §2404. Public interest in wide usage.

184) 일본 종묘법 제21조 참조.

이용이 계속하여 2년 이상 일본 국내에 있어서 적당하게 이루어지지 않을 때 또는 등록품종 등의 이용이 공공의 이익을 위해 특히 필요할 때에는 재정에 의한 통상이용권을 부여할 수 있는 근거규정을 두고 있다.185)

유럽의 경우 UPOV 조약의 내용이 영국, 프랑스, 독일 등 회원국들의 국내법에 반영되어 있을 뿐만 아니라, 공동체 식물품종권에 관한 유럽연합 규칙에도 관련 내용이 규정되어 있다.186) 예를 들면, 공동체 식물품종권의 효력은 생산 또는 복제, 증식을 위한 조제, 판매 등의 행위에는 미치지만,187) 사적이며 비영리 목적의 행위, 시험 목적의 행위, 다른 품종의 육종이나 발견 및 개발을 위한 행위에는 미치지 않는다.188) 아울러, 규칙에서 나열하고 있는 22개의 작물에 대해 농부의 자가채종에 관한 권리를 인정하며,189) 품종보호권자 또는 그의 동의에 의해 공동체 내에서 다른 사람들에게 처분된 품종이나 해당 품종의 어떠한 재료(material)에 관련된 행위에는 품종보호권이 미치지 않는 것으로 규정하고 있다.190) 또한 공익을 이유로 강제실시권을 부여할 수 있는 근거규정을 두고 있다.191)

---

185) 일본 종묘법 제28조 참조.

186) Council Regulation (EC) No.2100/94 on Community plant variety rights.

187) Council Regulation (EC) No.2100/94, Article 13. Rights of the holder of a Community plant variety right and prohibited acts.

188) Council Regulation (EC) No.2100/94, Article 15. Limitation of the effects of Community plant variety rights.

189) Council Regulation (EC) No.2100/94, Article 14. Derogation from Community plant variety right.

190) Council Regulation (EC) No.2100/94, Article 16 Exhaustion of Community plant variety rights.

191) Council Regulation (EC) No.2100/94, Article 29. Compulsory exploitation right.

한편 WTO/TRIPs는 특허권자에게 제3자가 특허 물품을 생산, 사용, 청약을 위한 제공, 판매 또는 수입하는 것을 배제할 수 있는 권리를 부여하면서,192) 회원국들이 일정한 한도 내에서만 특허권에 대한 예외를 규정하는 것을 허용하고 있다.193) 그리고 TRIPs는 회원국이 강제실시권을 부여하는 것을 인정하면서도 그 조건에 관해 상세한 규정을 두고 있다.194) 이와 같은 TRIPs의 태도는 특허권의 효력을 보다 명확히 하고, 회원국들이 특허권의 효력을 함부로 제한하는 것에 대해 일정한 한계를 두기 위한 것으로 보인다.

TRIPs의 입장을 가장 잘 대변하고 있는 것은 미국 특허법이다. 미국 특허법은 특허권자에게 제3자가 특허발명을 미국 내에서 제조, 사용, 판매의 청약, 혹은 판매하는 행위, 혹은 미국 내로 수입하는 행위를 금지할 권한, 그리고 만약 발명이 방법에 대한 것이라면, 제3자가 그 특허방법에 의하여 만들어진 물건을 미국 내에서 사용, 판매의 청약, 판매, 혹은 미국으로 수입하는 행위를 금지할 권한을 부여한다.195) 강제실시권에 대한 근거 규정은 없으며, 효력이 제한되는 경우는 매우 제한적이다. 예를 들면, 의약품의 제조승인 신청을 위한 특허발명의 실시,196) 교통기관이 미국영토를 일시적으로 통과하는 경우197)가 있으며, 의료 종사자가 행하는 의료 행위에 대해서

---

192) WTO/TRIPs, Article 28 Rights Conferred 참조.

193) WTO/TRIPs, Article 30 Exceptions to Rights Conferred
   Members may provide limited exceptions to the exclusive rights conferred by a patent, provided that such exceptions do not unreasonably conflict with a normal exploitation of the patent and do not unreasonably prejudice the legitimate interests of the patent owner, taking account of the legitimate interests of third parties.

194) WTO/TRIPs, Article 31 Other Use Without Authorization of the Right Holder 참조.

195) 35 U.S.C. §271 Infringement of patent.

196) 35 U.S.C. §271 (e).

197) 35 U.S.C. §272 Temporary presence in the United States.

는 금지청구, 손해배상 등의 구제수단을 인정하지 않는다.[198]

일본의 경우, 특허권자는 업으로서 특허발명의 실시를 할 권리를 독점하지만,[199] 시험 또는 연구를 위한 특허 발명의 실시, 단순히 일본 국내를 통과하는 선박 등에 사용되는 기계·기구·장치 기타의 물건, 특허출원 시부터 일본 국내에 있는 물건, 처방전에 의한 조제행위 및 의약에는 특허권의 효력이 미치지 않는다.[200] 강제실시권의 재정을 청구할 수 있는 경우로는 특허발명의 실시가 계속하여 3년 이상 일본 국내에서 적당하게 이루어지고 있지 아니한 경우,[201] 자기의 특허발명을 실시하기 위한 경우,[202] 특허발명의 실시가 공공의 이익을 위해 특별히 필요한 경우[203]를 규정하고 있다.

유럽의 경우, 특허권의 효력과 제한에 관한 사항은 회원국들의 국내 법률에 따른다. 그런데 제3장에서도 살펴보았듯이, 유럽연합은 생명공학기술에 의한 발명의 특허요건 및 효력범위를 통일하기 위해 유럽연합 생명공학지침을 제정하였는데,[204] 동 지침에서는 농부의 자가채종행위에 대한 특허권의 제한[205]과 시장에 유통된 생물학적 재료에 대한 특허권의 소진에 대해 규정하고 있으며,[206] 품종보호권의 실시를 위한 특허권에 대한 강제실시권과 그 반대의 경우를 규정하고 있다.[207] 이와 같은 특허권의 제한 사유들은 회원국들

198) 35 U.S.C. §287 (c).
199) 일본 특허법 제68조.
200) 일본 특허법 제69조.
201) 일본 특허법 제83조.
202) 일본 특허법 제92조.
203) 일본 특허법 제93조.
204) Directive 98/44/EC of the European Parliament and of the Council of 6 July 1998 on the legal protection of biotechnological inventions. Official Journal L 213, 30/07/1998 P. 0013-0021. http://eur-lex.europa.eu/legal-content/EN/TXT/?uri=CELEX:31998L0044.
205) 생명공학지침 제11조.
206) 생명공학지침 제10조.

의 국내법에도 반영되어 있다. 영국 특허법의 경우, 사적이며 비영리목적의 행위, 시험 목적의 행위에 대한 예외[208] 등 전통적인 특허권 제한 사유와 함께, 농부의 자가채종행위에 대한 특허권의 제한[209]과 생물학적 재료의 권리소진[210]에 대해 규정하고 있고, 품종보호권의 실시를 위한 특허권의 강제실시에 관한 규정을 두고 있다.[211] 프랑스 특허법과 독일 특허법은 이상과 같은 예외 사유에서 더 나아가, 다른 식물 품종을 개발하기 위한 행위에도 특허권의 효력이 미치지 않는 것으로 규정하고 있다.[212]

국내법상 품종보호권의 효력은 i) 영리 외의 목적으로 자가소비를 하기 위한 보호품종의 실시, ii) 실험 또는 연구를 하기 위한 보호품종의 실시, iii) 다른 품종을 육성하기 위한 보호품종의 실시에는 미치지 않으며,[213] iv) 농어업인이 자가생산을 목적으로 자가채종을 할 때에는 농림축산식품부장관 등은 당해 품종에 대한 품종보호권을 제한할 수 있다.[214] 또한, v) 품종보호권자 등에 의하여 국내에서 판매 또는 유통된 보호품종의 종자, 그 수확물 및 그 수확물로부터 직접 제조된 산물에 대하여는 원칙적으로 품종보호권의 효력이 미치지 않는다.[215]

---

207) 생명공학지침 제12조.

208) 영국 특허법, Article 60(5)(a)(b).

209) 영국 특허법, Article 60(5)(g).

210) Patent Act 1977, Schedule A2 Biotechnological Inventions 10.

211) Patent Act 1977, The Patents and Plant Variety Rights (Compulsory Licensing) Regulations 3.

212) 프랑스 지식재산권법 Article L613-5-3; 독일 특허법 제11조 참조.

213) 식물신품종보호법 제57조 1항.

214) 식물신품종보호법 제57조 2항.

215) 다만, i) 판매 또는 유통된 보호품종의 종자, 그 수확물 및 그 수확물로부터 직접 제조된 산물을 이용하여 보호품종의 종자를 증식하는 행위, ii) 증식을 목적으로 보호품종의 종자, 그 수확물 및 그 수확물로부터 직접 제조된 산물을 수출하는 행위에는 표력이 미친다. 식물신품종보호법 제58조.

한편 특허권의 효력은 i) 연구 또는 시험(「약사법」에 따른 의약품의 품목허가 · 품목신고 및 「농약관리법」에 따른 농약의 등록을 위한 연구 또는 시험을 포함한다)을 하기 위한 특허발명의 실시, ii) 국내를 통과하는 데 불과한 선박 · 항공기 · 차량 또는 이에 사용되는 기계 · 기구 · 장치 기타의 물건, iii) 특허출원 시부터 국내에 있는 물건에는 미치지 않으며, iv) 2 이상의 의약(사람의 질병의 진단 · 경감 · 치료 · 처치 또는 예방을 위하여 사용되는 물건을 말한다. 이하 같다)을 혼합함으로써 제조되는 의약의 발명 또는 2 이상의 의약을 혼합하여 의약을 제조하는 방법의 발명에 관한 특허권의 효력은 「약사법」에 의한 조제행위와 그 조제에 의한 의약에는 미치지 아니한다.

이상과 같이 품종보호권과 특허권의 효력에 대한 예외범위를 비교해 보면, 연구 또는 시험을 하기 위한 실시행위는 품종보호권과 특허권의 효력이 모두 미치지 않는다는 점에서 동일하다. 그리고, 영리외의 목적으로 자가소비를 하기 위한 보호품종의 실시는 대부분 '업'으로서의 실시로 보기 어려우므로 특허권의 효력도 미치지 않을 가능성이 높으며, 국내를 통과하는 데 불과한 선박 등에 사용된 기계 등의 물건은 품종과 전혀 관련이 없으므로 품종보호권의 효력이 미칠 여지가 없다는 점에서 문제가 될 소지가 없다. 아울러, 식물신품종보호법에서는 '품종'에 관한 권리만을 인정하고, 품종의 혼합이나 제조 방법에 관한 권리를 인정하지 않으므로, 2 이상의 의약을 혼합함으로써 제조되는 의약의 발명 또는 2 이상의 의약을 혼합하여 의약을 제조하는 방법의 발명에 대한 효력 제한과는 관련이 없다.

한편, 우리 식물신품종보호법[216)]과 특허법[217)]은 각각 강제실시

---

216) 식물신품종보호법 제67조【통상실시권 설정의 재정】
　①보호품종을 실시하려는 자는 보호품종이 다음 각 호의 어느 하나에 해당하는 경우에는 농림축산식품부장관 또는 해양수산부장관에게 통상실시권 설정에 관한 재정을 청구할 수 있다. 다만, 제1호와 제2호에 따

른 재정의 청구는 해당 보호품종의 품종보호권자 또는 전용실시권자
와 통상실시권 허락에 관한 협의를 할 수 없거나 협의 결과 합의가 이
루어지지 아니한 경우에만 할 수 있다.
1. 보호품종이 천재지변이나 그 밖의 불가항력 또는 대통령령으로 정
하는 정당한 사유 없이 계속하여 3년 이상 국내에서 실시되고 있지
아니한 경우
2. 보호품종이 정당한 사유 없이 계속하여 3년 이상 국내에서 상당한
영업적 규모로 실시되지 아니하거나 적당한 정도와 조건으로 국내
수요를 충족시키지 못한 경우
3. 전쟁, 천재지변 또는 재해로 인하여 긴급한 수급(需給) 조절이나 보
급이 필요하여 비상업적으로 보호품종을 실시할 필요가 있는 경우
4. 사법적 절차 또는 행정적 절차에 의하여 불공정한 거래행위로 인정
된 사항을 시정하기 위하여 보호품종을 실시할 필요성이 있는 경우
② 품종보호권 설정등록일부터 3년이 경과하지 아니한 보호품종에 대하
여는 제1항을 적용하지 아니한다.
③ 농림축산식품부장관 또는 해양수산부장관은 재정을 할 때에는 청구건
별로 통상실시권 설정의 필요성을 검토하여야 한다.
④-⑥ 생략
217) 특허법 제107조 【통상실시권 설정의 재정】
① 특허발명을 실시하고자 하는 자는 특허발명이 다음 각 호의 어느 하나
에 해당하고, 그 특허발명의 특허권자 또는 전용실시권자와 합리적인
조건으로 통상실시권 허락에 관한 협의를 하였으나 합의가 이루어지
지 아니하는 경우 또는 협의를 할 수 없는 경우에는 특허청장에게 통
상실시권 설정에 관한 재정을 청구할 수 있다. 다만, 공공의 이익을 위
하여 비상업적으로 실시하려는 경우와 제4호에 해당하는 경우에는 협
의 없이도 재정을 청구할 수 있다.
1. 특허발명이 천재지변이나 그 밖의 불가항력 또는 대통령령으로 정
하는 정당한 이유 없이 계속하여 3년 이상 국내에서 실시되고 있지
아니한 경우
2. 특허발명이 정당한 이유 없이 계속하여 3년 이상 국내에서 상당한
영업적 규모로 실시되고 있지 아니하거나 적당한 정도와 조건으로
국내수요를 충족시키지 못한 경우
3. 특허발명의 실시가 공공의 이익을 위하여 특히 필요한 경우
4. 사법적 절차 또는 행정적 절차에 의하여 불공정거래행위로 판정된
사항을 바로잡기 위하여 특허발명을 실시할 필요가 있는 경우

권에 관한 규정을 두고 있으며, 내용은 상당부분 유사하다. 예를 들면, 재정을 청구할 수 있는 사유로, i) 보호품종이나 특허발명이 천재지변이나 그 밖의 불가항력 또는 대통령령으로 정하는 정당한 사유 없이 계속하여 3년 이상 국내에서 실시되고 있지 아니한 경우, ii) 보호품종이나 특허발명이 정당한 사유 없이 계속하여 3년 이상 국내에서 상당한 영업적 규모로 실시되지 아니하거나 적당한 정도와 조건으로 국내수요를 충족시키지 못한 경우, iii) 전쟁, 천재지변 또는 재해로 인하여 긴급한 수급(需給) 조절이나 보급이 필요하여 비상업적으로 보호품종이나 특허발명을 실시할 필요가 있는 경우, iv) 사법적 절차 또는 행정적 절차에 의하여 불공정한 거래행위로 인정된 사항을 시정하기 위하여 보호품종이나 특허발명을 실시할 필요성이 있는 경우를 공통으로 하고 있다. 이 밖에 일정한 시간(품종보호권 설정등록일부터 3년)이 경과하지 아니한 경우에는 적용하지 않는다는 점, 청구건별로 통상실시권 설정의 필요성을 검토해야 한다는 점 등에서도 동일하다.

이상과 같은 점에서 볼 때, 실질적인 면에서 품종보호권과 특허권의 효력범위의 차이를 인정할 수 있는 사항으로는 i) 다른 품종을 육성하기 위한 보호품종의 실시 행위, ii) 농민이 자가생산을 목적으로 자가채종을 하는 행위, iii) 품종보호권자 등에 의해 유통된 종자

---

5. 자국민 다수의 보건을 위협하는 질병을 치료하기 위하여 의약품(의약품 생산에 필요한 유효성분, 의약품 사용에 필요한 진단키트를 포함한다)을 수입하고자 하는 국가(이하 이 조에서 "수입국"이라 한다)에 그 의약품을 수출할 수 있도록 특허발명을 실시할 필요가 있는 경우

② 특허출원일부터 4년이 지나지 아니한 특허발명에 관하여는 제1항 제1호 및 제2호를 적용하지 아니한다.

③ 특허청장은 재정을 하는 경우 청구별로 통상실시권 설정의 필요성을 검토하여야 한다.

④-⑨ 생략

및 수확물에 관한 권리소진의 문제로 볼 수 있다.

1) 다른 품종을 육성하기 위한 실시

현행 식물신품종보호법은 품종보호권의 효력이 미치지 않는 예외 사항으로서 실험이나 연구를 하기 위한 보호품종의 실시 이외에, 다른 품종을 육성하기 위한 보호품종의 실시를 별도로 규정하고 있다. 반면 특허법은 연구 또는 시험 목적 이외에 다른 품종의 육성을 위한 행위를 특허권의 제한 사유로 규정하고 있지는 않다.

비교법적으로 살펴보면, 미국의 경우에는 연구 또는 시험에 관한 예외조차도 규정하고 있지 않으며, 영국 특허법[218]과 일본 특허법[219]은 우리 특허법과 비슷하게 실험이나 연구 또는 시험에 관한 예외만을 인정하고 있다. 반면 프랑스[220]와 독일[221]의 경우에는 실

---

218) 영국 특허법 Article 60 (5): An act which, apart from this subsection, would constitute an infringement of a patent for an invention shall not do so if —

   (b) it is done for experimental purposes relating to the subject-matter of the invention;

219) 일본 특허법 제69조 【특허권의 효력이 미치지 아니하는 범위】 특허권의 효력은 시험 또는 연구를 위해 하는 특허발명의 실시에는 미치지 아니한다.

220) 프랑스 지식재산권법

   Article L613-5: The rights afforded by the patent shall not extend to:

   b) Acts done for experimental purposes relating to the subject matter of the patented invention;

   Article L613-5-3: Rights conferred by the Articles L613-2-2 and L613-2-3 shall not extend to the deeds performed in order to create or discover and develop other plant varieties.

221) 독일 특허법 Section 11: The effects of a patent shall not extend to:

   2. acts done for experimental purposes relating to the subject matter of the patented invention;

   2a. the use of biological material for breeding, discovery and development of a new plant variety type;

험 목적 이외에 다른 품종을 육성, 발견 및 개발하는 행위까지도 특허권이 제한되는 사유로 규정하고 있다.

프랑스와 독일의 경우처럼, 현행 특허법상 특허권의 제한 사유에 다른 품종을 육성하기 위한 행위도 포함시킬 것인가의 문제는 특허제도와 품종보호제도의 관계 및 조화에 관한 문제라기보다는, 특허제도에 관한 독자적인 정책 결정의 문제에 가깝다. 특허제도는 제도의 목적이나 보호의 대상, 권리범위 등 여러 가지 면에서 품종보호제도와는 다르기 때문에, 특허권의 예외범위를 품종보호권의 예외범위와 동일하게 하여야 한다는 논리는 설득력이 작다. 하지만 특허제도가 종자산업에 적용되기 시작한 것은 비교적 최근의 일이고, 관련 업계는 그동안 품종보호제도에서 제시된 법적 기준에 익숙해져 있다는 점, 아직까지 경쟁력을 갖추지 못한 국내 종자업계의 현실을 고려할 때, 다른 품종을 육성하기 위한 실시 행위도 특허권의 예외범위에 포함시키는 것이 바람직하다고 본다.

2) 자가생산을 위한 농부의 자가채종

농부의 자가채종과 관련하여 우리나라가 가입한 1991년 UPOV 협약을 살펴보면, 체약국의 선택에 따라, 합리적인 범위 내에서 육종가의 적법한 이익을 보장하면서 어떤 품종에 관해서 농민이 보호품종을 자신의 토지에 재배하여 수확한 산물을 자신의 토지에서 증식목적으로 사용할 수 있도록 육종가권리를 제한할 수 있도록 하고 있다.222)223) 하지만 허용의 범위에 있어서는 일정한 제한이 있다.

---

222) UPOV, Article 15(2).

223) UPOV가 이와 같이 농민의 자가채종을 인정하고 있는 이유는 어떠한 작물에 대해서는 농민들이 그동안 통상적으로 종자를 보관해 왔기 때문이며, 국가들이 품종보호권을 부여할 때 농민들의 이와 같은 통상적인 행위와 작물별 특성에 따른 문제를 고려하도록 허용하고자 함이다. 최근진 외, "품종보호권 예외로서 농민의 자가채종 규정에 대한 국내·외 논의 동향," 종자

예를 들어, "합리적인 범위 내에서 육종가의 적법한 이익을 보장"해야 하기 때문에, 체약국이 농부의 권리를 도입하더라도 육종가가 새로운 품종을 육성하기 위해 지출한 투자에 대해 회수할 수 있는 기회를 보장해야 한다.224) 그뿐만 아니라, 경작자가 보호품종을 자기의 경작지에 재배하여 얻은 수확물을 자기의 경작지에 재번식의 목적으로 이용할 수 있도록 허용하고 있긴 하지만, 농부가 번식의 목적으로 다른 농부에게 종자를 판매하거나 교환하는 것을 허락하지는 않는다.225) 이러한 제한들 때문에, 특히 종자의 교환이 관행적으로 이루어지는 개발도상국들에서는 1991년 UPOV 협약을 비판하고 있다.226)

1991년 UPOV 협약을 기초로 제정된 우리나라 식물신품종보호법도 자가채종을 품종보호권의 예외로 인정하고 있긴 하지만, 농민이 '자가생산을 목적으로' 한 자가채종에 대해서만 제한할 수 있도록 하고 있다.227) 그리고 이를 보다 구체화하기 위해 舊종자산업법시행령 제35조에서는 농민이 자가생산을 목적으로 자가채종하는 때에 품종보호권을 제한할 수 있는 범위는 당해 농민이 경작하고 있는 포장에 심을 수 있는 최대 종자량으로 제한하였다. 그런데 현행

과학과 산업, 한국종자연구회, 2005, 65면.

224) 최근진 외, 앞의 논문, 65면.

225) 미국 대법원도 Asgrow Seed v. Winterboer 사례에서 자가채종에 관한 PVPA상의 예외규정은 농부가 자신의 농장에 재파종하기 위해 채종하는 범위에 한정된다고 하였다. Haley Stein, "Intellectual Property and Genetically Modified Seeds: The United States, Trade, and The Developing World," 3 Nw. J. Tech. & Intell. Prop. 160.

226) "아프리카를 비롯하여 많은 개도국들은 1991년 협약의 비준에 반대하고 있고 현재 케냐와 남아프리카 공화국은 유일한 아프리카의 UPOV동맹국으로 이들은 1978년 협약을 준수하고 있다. 1991년 협약에 대한 아프리카를 중심으로 한 저항은 동 협약이 1978년도 협약에 비하여 특허와 유사한 협약으로 변화되었기 때문이다." 박재현, 앞의 보고서, 11면.

227) 식물신품종보호법 제57조 2항.

식물신품종보호법시행령 제36조는 최대종자량의 제한에 관한 내용을 삭제하는 대신, 자가채종이 허용되는 작물의 대상을 제한하여, "농어업인이 자가생산을 목적으로 자가채종할 때에 품종보호권의 제한범위는 농림축산식품부장관 또는 해양수산부장관이 고시하는 작물로 한다"고 규정하고 있다. 그리고 자가채종이 허용되는 작물에 관한 고시는 현재까지 고시되지 않고 있다.228)

한편, 특허법은 농어업인의 자가채종에 관한 사항을 예외 규정으로 두고 있지 않다. 따라서, 농어업인의 자가채종 행위가 '업(業)'으로서의 실시에 해당하고, 특허권자의 허락을 받지도 않았다면 특허권의 침해에 해당하게 된다.

자가채종에 관한 특허권의 제한사유를 비교법적으로 살펴보면, 미국 및 일본의 경우에는 우리나라와 동일하게 자가채종에 관한 내용을 특허권의 제한사유로 두고 있지 않다. 반면 영국,229) 프랑스,230) 독일231) 등 유럽 국가들의 경우 자가채종에 관한 유럽연합

---

228) 자가채종에 관한 각국의 규정현황에 대해서는 최근진 외, 앞의 논문, 66면 이하 참조.

229) 영국 특허법 Article 60 (5): An act which, apart from this subsection, would constitute an infringement of a patent for an invention shall not do so if —

(g) it consists of the use by a farmer of the product of his harvest for propagation or multiplication by him on his own holding, where there has been a sale of plant propagating material to the farmer by the proprietor of the patent or with his consent for agricultural use;

230) 프랑스 지식재산권법 Article L613-5-1: By way of derogation from the provisions of Articles L613-2-2 and L613-2-3, the sale or any other form of commercialisation of a plant propagating material to a farmer by the holder of the patent, or with his consent, for agricultural use shall imply authorisation for the farmer to use the product of his harvest for the propagation or multiplication by him on his own farm. The conditions of this use shall be those provided for by Article 14 of Regulation (EC) No. 2100/94 of the Council of 27 July 1994 on Community plant variety

생명공학지침상의 관련 규정232)을 각국의 특허법에 반영하여 특허
권이 제한되는 사유의 하나로 규정하고 있다. 영국, 프랑스, 독일 등
유럽 국가들과 마찬가지로 농어업인의 자가채종 행위를 현행 특허
법상 특허권의 제한 사유에 포함시킬 것인가의 문제도 특허제도와
품종보호제도의 조화에 관한 문제라기보다는 특허제도 자체의 정
책 결정의 문제이다. 특히 식물신품종보호법상 자가채종의 적용범
위에 관한 고시조차도 아직까지 공표되지 않은 상황에서, 품종보호
권의 예외범위로 자가채종이 포함되어 있기 때문에 특허법에서도
동일하게 포함시켜야 한다는 논리는 설득력이 작다. 하지만 지금까
지 종자의 보존 및 개발에 기여해 온 농부의 권리를 인정하고, 농업
에서의 전통적인 관행을 존중하며, 생물 다양성 등의 가치를 존중
하기 위해 농부의 자가채종을 특허권의 제한사유로 도입하는 것이
바람직하다고 본다.

rights.

231) 독일 특허법 Section 9c (1): Where plant propagating material is sold to
a farmer for agricultural use by the patentee or with his consent by a
third party, said farmer may, contrary to Sections 9, 9a and 9b, sentence
2, use his harvest for his own multiplication or propagation on his own
farm. Article 14 of Council Regulation (EC) No. 2100/94, in the valid
version, shall apply mutatis mutandis to the conditions and extent of this
right as shall also the implementing provisions issued on this basis.
Should the patentee derive rights herefrom, these must be asserted in
accordance with the implementing provisions issued on the basis of
Article 14(3) of Council Regulation (EC) No. 2100/94.

232) EU 생명공학지침 Article 11(1): By way of derogation from Articles 8
and 9, the sale or other form of commercialisation of plant propagating
material to a farmer by the holder of the patent or with his consent for
agricultural use implies authorisation for the farmer to use the product of
his harvest for propagation or multiplication by him on his own farm, the
extent and conditions of this derogation corresponding to those under
Article 14 of Regulation (EC) No 2100/94.

3) 품종보호권자 등에 의해 유통된 종자(권리소진)

현행 식물신품종보호법은 품종보호권자 등에 의해 국내에서 판매 또는 유통된 보호품종의 종자, 그 수확물 및 그 수확물로부터 직접 제조된 산물에 대하여는 품종보호권이 소진되어 그 효력이 미치지 않도록 규정하고 있다.[233] 반면 특허법은 특허권의 소진에 대해 명문으로 규정하고 있지 않으며, 다만 판례는 권리자로부터 적법하게 특허 제품을 양도받은 후에, 이를 다시 양도하거나 사용하는 행위는 특허권의 침해를 구성하지 않는다는 권리소진의 원칙을 받아들이고 있다. 그런데 식물신품종보호법상 품종보호권의 소진에 관한 내용과 판례에 의해 인정되는 특허권 소진의 원칙에는 약간의 차이가 있다. 일반적인 특허권 소진의 원칙은 적법하게 양도된 해당 특허 제품을 다시 양도하거나 사용하는 행위에 적용되지만, 식물신품종보호법상 품종보호권의 소진은 양도된 종자뿐만 아니라, 해당 종자의 수확물 및 그 수확물로부터 직접 제조된 산물까지 포함하고 있다는 점이다.

종자의 특허권 소진에 관한 입법례를 살펴보면, 미국 및 일본의 경우 우리나라와 같이 특허법상 아무런 규정을 두고 있지 않은 반면 영국,[234] 프랑스,[235] 독일[236] 등 유럽 국가들의 경우 생물학적 재

233) 식물신품종보호법 제58조.
234) 영국 특허법 Schedule A2 10: The protection referred to in paragraphs 7, 8 and 9 above shall not extend to biological material obtained from the propagation or multiplication of biological material placed on the market by the proprietor of the patent or with his consent, where the multiplication or propagation necessarily results from the application for which the biological material was marketed, provided that the material obtained is not subsequently used for other propagation or multiplication.
235) 프랑스 지식재산권법 Article L613-2-4: The protection referred to under Articles L613-2-2 and L613-2-3 shall not extend to the biological material obtained from the propagation or multiplication of biological material

료의 권리소진에 관한 유럽연합 생명공학지침상의 관련 규정237)에
따라, 각각의 특허법에 시장에 유통된 생물학적 재료를 증식하여 얻
은 생물학적 재료에도 특허권의 효력이 확장되지 않는다는 규정을
두고 있다. 우리의 경우, 일반적인 권리소진에 관한 내용도 성문법
이 아닌 판례에 의해 인정되어 오고 있다는 점, 최근 미국 연방대법
원이 종자의 특허권 소진에 관한 판결238)을 하는 등 법원도 이 문제
에 대해 관심을 가지기 시작했다는 점 등을 고려하면, 종자에 관련
된 특허권의 소진에 관한 내용을 특허법에 별도로 규정하기보다는

marketed in the territory of a Member State of the European Community or a State party to the Agreement on the European Economic Area by the holder of the patent, or with his consent, where the propagation or the multiplication necessarily results from the application for which the biological material was marketed, provided that the material obtained is not subsequently used for other propagation or multiplication.

236) 독일 특허법 Section 9b: Should the patentee or a third party with the consent of patentee put biological material possessing certain characteristics owing to the invention on the market within the territory of a Member State of the European Union or in a contracting state of the European Economic Area Agreement and should further biological material be produced from this biological material by multiplication or propagation, the effects of Section 9 shall not come into force if the propagation of the biological material was the reason why this was put on the market. This shall not apply if the material produced by this means is used thereafter for a further multiplication or propagation.

237) EU 생명공학지침 Article 10: The protection referred to in Articles 8 and 9 shall not extend to biological material obtained from the propagation or multiplication of biological material placed on the market in the territory of a Member State by the holder of the patent or with his consent, where the multiplication or propagation necessarily results from the application for which the biological material was marketed, provided that the material obtained is not subsequently used for other propagation or multiplication.

238) Bowman v. Monsanto Co. et al., 569 U.S. 1 (2013).

법원의 판례를 통해 관련 이론을 발전시켜 나가는 것이 바람직하다
고 본다.

(3) 품종보호권과 특허권의 이용저촉관계

1) 이용 · 저촉관계의 의미와 주요 쟁점

특허권 등 지식재산권에서의 이용관계란 후출원 권리자가 자기
의 특허발명 등을 실시하면 선출원 발명을 침해하게 되나, 그 역의
관계는 성립되지 않는 일방적 충돌관계를 말하며, 저촉관계란 두
개의 권리가 중복되어 있어서 어느 일방을 실시하면 타방 권리를
침해하게 되는 쌍방적 충돌관계를 의미한다. 이용관계의 대표적인
사례로는 특허법에서의 기본발명과 개량발명을 들 수 있으며, 식물
신품종보호법에서의 원품종과 유래품종의 관계를 들 수 있다.[239] 저
촉관계에 관련하여 특허법과 식물신품종보호법 모두 선원주의를 채
택하고 있으므로, 특허권과 특허권의 관계에서, 또는 품종보호권과
품종보호권의 관계에서는 원칙적으로 저촉관계가 성립할 수 없지만,
특허권과 품종보호권 사이에서는 저촉관계가 성립할 수 있다.

품종보호권과 특허권 사이의 이용 · 저촉관계는 다음과 같은 유
형으로 분류해 볼 수 있다. 첫째, 선행하는 특허권을 품종보호권이

---

239) 신품종보호법 제56조는 품종보호권의 효력을 보호품종으로부터 기본적
으로 유래된 품종과, 보호품종을 반복하여 사용하여야 종자생산이 가능한
품종에까지 미치도록 하고 있다. 따라서 기존의 보호품종을 이용한 유래품
종이나, 이를 반복 사용하여 새로운 품종을 만들어 실시하고자 하는 자는
기존 보호품종에 대한 권리자의 허락을 받아야 하는 것으로 해석할 수 있
다. 이때 유래품종을 판단함에 있어서, 원품종 또는 기존의 유래품종에서
유래되고, 원품종의 유전자형 또는 유전자 조합에 의하여 나타나는 주요
특성을 가진 품종으로서 원품종과 명확하게 구별은 되나 특정한 육종방법
으로 인한 특성만의 차이를 제외하고는 주요 특성이 원품종과 같은 품종은
유래된 품종으로 본다. 식물신품종보호법 제56조(품종보호권의 효력)

이용하는 유형이다. 예를 들어, 선행하는 유용 형질에 관한 특허를 이용하여 새로운 품종을 개발하고 품종보호권을 취득하는 경우이다. 둘째, 선행하는 품종보호권을 특허권이 이용하는 유형이다. 예를 들어, 선행하는 보호품종에 새로운 유용 형질을 포함시켜 특허를 취득하는 경우를 생각해 볼 수 있다. 셋째, 동일 품종에 대해 품종보호권과 특허권이 이중으로 발생하여 상호 저촉관계에 있는 경우이다.[240]

특허법은 특허권의 효력과 관련하여, "특허권자는 업으로서 특허발명을 실시할 권리를 독점한다"고 규정하고 있으며,[241] 식물신품종보호법은 품종보호권의 효력과 관련하여, "품종보호권자는 업으로서 그 보호품종을 실시할 권리를 독점한다"고 규정하고 있다.[242] 품종보호권과 특허권이 이용·저촉관계에 있는 경우에도 품종보호권자와 특허권자가 동일인이라면 큰 문제는 없다. 하지만 처음부터 권리자가 다른 사람이거나, 동일인이었지만 권리자가 하나의 권리를 다른 사람에게 양도한 경우에는 몇 가지 쟁점이 발생할 수 있다. 우선 이용관계에 있어서, 후원 품종보호권자 또는 특허권자가 자신의 보호품종 또는 특허발명을 실시할 때 선원 특허권자 또는 품종보호권자의 허락을 얻어야 하는가의 여부이다. 그리고, 저촉관계에 있어서는 품종보호권자와 특허권자가 각자 자유롭게 실시할 수 있는지, 아니면 다른 권리자의 허락을 받아야 하는지가 문제된다.

2) 주요국의 입법례

유럽연합의 경우 식물품종 그 자체는 특허권의 보호대상에서 제외하고 있으므로, 원칙적으로 특허권과 품종보호권 사이에 저촉관

---

240) 특허청 조사 결과 현재 4건의 품종이 동일 권리자에 의해 특허와 품종보호 모두 등록되어 있는 것으로 파악되고 있다. (특허청 내부자료 참조)
241) 특허법 제94조.
242) 식물신품종보호법 제56조 1항.

계는 발생하지 않는다. 하지만 특허권과 품종보호권 사이의 이용관계는 발생할 수 있는데, 유럽연합 생명공학지침은 특허권과 품종보호권과의 이용관계를 전제로 한 강제실시권에 대해 규정하고 있다.243) 즉, 육종가가 선행 특허권을 침해하지 아니하고는 식물품종보호권을 취득하거나 이용할 수 없는 경우, 보호되는 식물품종의 이용에 필요한 한도에서 적정한 로열티의 지급을 조건으로 특허로 보호되는 발명의 비배타적 이용을 위한 강제실시를 청구할 수 있다. 육종가에게 강제실시권이 허여되는 경우, 회원국들은 특허권자에게도 합리적인 조건으로 식물품종의 이용에 대한 상호 실시할 수 있는 권리가 있음을 규정하여야 한다.244) 반대로 특허권자가 선행 식물품종보호권을 침해하지 아니하고는 특허권을 이용할 수 없는 경우 특허권의 이용에 필요한 한도에서 적정한 로열티의 지급을 조건으로 품종보호권의 비배타적 이용을 위한 강제실시를 청구할 수 있다.245) 강제실시권을 청구하는 자는 그들이 특허권자나 식물품종

---

243) EU biotech directive, Chapter III Compulsory cross-licensing
244) EU biotech directive, Article 12
   1. Where a breeder cannot acquire or exploit a plant variety right without infringing a prior patent, he may apply for a compulsory licence for non-exclusive use of the invention protected by the patent in as much as the licence is necessary for the exploitation of the plant variety to be protected, subject to payment of an appropriate royalty. Member States shall provide that, where such a licence is granted, the holder of the patent will be entitled to a cross-licence on reasonable terms to use the protected variety.
245) EU biotech directive, Article 12
   2. Where the holder of a patent concerning a biotechnological invention cannot exploit it without infringing a prior plant variety right, he may apply for a compulsory licence for non-exclusive use of the plant variety protected by that right, subject to payment of an appropriate royalty. Member States shall provide that, where such a licence is granted, the holder of the variety right will be entitled to a

보호권자에게 라이선스 계약을 요청하였지만 실패했다는 것과, 품종보호권 또는 발명이 상당한 기술적 진보를 이룬 것이라는 점을 증명해야 한다.246)

이와 같은 생명공학지침상의 강제실시권에 관한 내용은 각 회원국들의 국내 입법에도 반영되어 있다. 예를 들면, 영국 특허법 제124조는 시행령 및 시행규칙 등(Rules, regulations and orders)에 대해 규정하고 있는데, 영국 국무부(The Secretary of State)는 2002년 특허권과 품종보호권 (강제실시권) 규칙을 제정하여 생명공학지침의 내용을 수용하고 있다.247) 프랑스도 지식재산권법에서 육종가에게 강

---

cross-licence on reasonable terms to use the protected invention.

246) EU biotech directive, Article 12

  3. Applicants for the licences referred to in paragraphs 1 and 2 must demonstrate that:

   (a) they have applied unsuccessfully to the holder of the patent or of the plant variety right to obtain a contractual licence;

   (b) the plant variety or the invention constitutes significant technical progress of considerable economic interest compared with the invention claimed in the patent or the protected plant variety.

  4. Each Member State shall designate the authority or authorities responsible for granting the licence. Where a licence for a plant variety can be granted only by the Community Plant Variety Office, Article 29 of Regulation (EC) No 2100/94 shall apply.

247) The Patents and Plant Variety Rights (Compulsory Licensing) Regulations

  http://www.legislation.gov.uk/uksi/2002/247/contents/made

  3. (1) Where a person cannot acquire or exploit plant breeders' rights or a Community plant variety right in a new variety without infringing a prior patent, he may apply in accordance with rules to the Comptroller General of Patents for a licence under the patent and on such application shall pay the prescribed fee.

   (2) An application under paragraph (1) shall be accompanied by particulars which seek to demonstrate that —

    (a) the applicant cannot acquire or exploit plant breeders' rights or a

제실시권을 부여하는 내용을 두고 있다.[248]

일본의 경우 특허권의 효력에 관한 규정과 타인의 특허발명등과의 관계에 관한 규정이 우리 특허법의 규정들과 거의 동일하다.[249] 또한 특허법에는 특허권과 품종보호권의 이용ㆍ저촉관계에 관한

Community plant variety right without infringing a prior patent,

(b) the applicant has applied unsuccessfully to the proprietor of the prior patent concerned for a licence to use that patent to acquire or exploit plant breeders' rights or a Community plant variety right, and

(c) the new plant variety, in which the applicant wishes to acquire or exploit the plant breeders' rights or Community plant variety right, constitutes significant technical progress of considerable economic interest in relation to the invention protected by the patent.

(3) If and so far as any agreement purports to bind any person not to apply for a licence under paragraph (1), it shall be void.

248) 프랑스 지식재산권법 Article L613-15-1

Where a breeder cannot acquire or exploit a plant variety right without infringing a prior right, he may request the licence of this patent in as much as the licence is necessary for the exploitation of the plant variety to be protected and in so far as the variety constitutes with regard to the invention asserted in this patent an important technical progress and is of considerable economic interest.

Where such a licence is granted, on application brought before the Court, the holder of the patent will be entitled, under equitable conditions, to a cross-licence to use the protected variety. The provisions of the Articles L613-12 with L613-14 shall apply.

249) 일본 특허법 제72조 【타인의 특허발명 등과의 관계】

특허권자, 전용실시권자 또는 통상실시권자는 그 특허발명이 그 특허출원일 전의 출원에 관련된 타인의 특허발명, 등록실용신안이나 등록의장이나 이와 유사한 의장을 이용하는 것인 때 또는 그 특허권이 그 특허출원일 전의 출원에 관련된 타인의 의장권이나 상표권과 저촉하는 때에는 업으로서 그 특허발명의 실시를 할 수 없다.

내용이 포함되어 있지 않다는 점도 우리 법률과 같다. 특허권의 효력과 관련하여 일본에서는 특허권의 본질을 專用權으로 볼 것인가, 아니면 排他權으로 볼 것인가에 관한 논의가 있어 왔다. 전용권설과 배타권설은 '발명을 실시할 권리', 즉, 적극적 권리를 인정하는가에 따라 구분된다. 적극적 권리를 긍정하는 것이 전용권설인 데 반해, 이를 부정하는 것이 배타권설이다. 요약하면, 전용권설은 특허권의 효력에는 적극적 효력과 소극적 효력이 있다고 설명하며, 배타권설은 특허권의 효력에는 타인의 실시를 배제하는 효력만 있는 것으로 설명한다.250) 전용권설을 따를 경우 특허권자는 원칙적으로 타인의 허락을 얻지 않고 자기의 특허발명을 실시할 수 있지만, 일본 특허법 제72조에 규정된 예외적인 경우에는 허락을 받아야 한다. 그런데 품종보호권은 그와 같은 예외사항에 포함되어 있지 않기 때문에 품종보호권자의 허락을 받을 필요없이 자신의 특허발명을 실시할 수 있는 것으로 해석할 수 있다. 반면 배타권설은 특허발명의 실시가 타인의 권리를 침해하게 되는 경우에는 원칙적으로 허락을 얻어야 하며, 특허법 제72조의 규정은 이를 확인한 것에 불과하다고 해석한다. 따라서 품종보호권과의 관계에서도 해당 권리자의 허락을 얻어야 하는 것으로 해석된다.

한편 일본의 경우 종묘법에서 등록품종을 육성하는 방법에 관해 특허권이 존재하는 경우, 특허권자 등이 해당 특허에 관한 방법에 의해 등록종자를 생산하는 등의 행위, 그 종자를 사용하여 획득되는 수확물을 생산하는 등의 행위, 및 해당 수확물에 관한 가공품을 생산하는 등의 행위에는 육성자권의 효력이 미치지 않도록 규정하고 있다.251) 아울러 등록품종을 육성하는 방법에 관한 특허권이 소

---

250) 배타권설에 의하면 적극적 효력이 인정되지 않기 때문에, 특허권의 효력을 적극적 효력과 소극적 효력으로 구분하는 것 자체가 잘못된 것이다. 田辺 徹, "特許權の本質," パテント, Vol.56 No.10, 2003, p.58 참조.

251) 일본 종묘법 제21조 ① 육성자권의 효력은 다음에 언급한 행위에는 미치

멸한 경우, 해당 특허에 관한 방법에 의해 등록종자를 생산하는 등의 행위, 그 종자를 사용하여 획득되는 수확물을 생산하는 등의 행위, 및 해당 수확물에 관한 가공품을 생산하는 등의 행위에는 육성자권의 효력이 미치지 않도록 규정하고 있다. 이와 유사한 규정으로는 특허권의 존속기간만료 후의 통상실시권 규정(일본 의장법 제31조 2항)이 있다. 즉, 선출원 또는 동일 출원에 관한 특허권과 의장권이 저촉되는 경우에, 해당 특허권의 존속기간이 만료된 경우, 원특허권자는 원특허권의 범위 안에서 해당 의장권에 관한 통상실시권을 가진다. 그러나, 의장법의 규정은 행위 주체가 '특허권자'에 한정되어 있는 데 반해, 동 규정은 행위주체를 한정하지 않는다는 점에서 차이가 있다. 그리고, 의장법의 규정은 특허권의 '존속기간 만료'로 규정하고 있는 데 반해, 동 규정은 단순히 '소멸'로 규정하고 있다는 점에서도 차이가 있다. 또한 의장법의 규정은 '의장출원일 전 또는 같은 날'에 출원된 것에 한정하고 있는 것에 반해, 종묘법에서는 출원인에 관해 한정하고 있지 않다.252)

지 않는다.
1. … (생략)
2. 등록품종(등록품종과 특성에 의해 명확하게 구별되지 않는 품종을 포함한다. 이하 이 항에 있어 동일함.)의 육성하는 방법에 관한 특허권을 가진 자 또는 그 특허에 대해 전용실시권 또는 통상실시권을 가진 자가 해당 특허에 관계된 방법에 의하여 등록품종의 종묘를 생산하고 또는 해당 종묘를 조정하고, 양도의 신청을 하고, 양도하고, 수출하고, 수입하고 또는 이러한 행위를 할 목적으로 보관하는 행위
3. 전호의 특허권 소멸 후에 있어, 같은 호(同號)의 특허에 관계된 방법에 의하여 등록품종의 종묘를 생산하고 또는 해당 종묘를 조정하고, 양도의 신청을 하고, 양도하고, 수출하고, 수입하고, 또는 이러한 행위를 할 목적으로 보관하는 행위
4. 전 2호의 종묘를 이용한 것에 의하여 얻어지는 수확물을 생산하고, 양도 또는 대여의 신청을 하고, 양도하고, 대여하고, 수출하고, 수입하고 또는 이러한 행위를 할 목적으로 보관하는 행위
252) 井内龍二, 伊藤武泰, 谷口直也, "特許法と種苗法の比較," パテント, Vol.

미국의 경우 특허법이나 식물품종보호법(PVPA)에서 특허권과 품종보호권과의 이용·저촉 관계에 대해 아무런 규정을 두고 있지 않다. 그런데, 미국에서는 특허권 등의 성격을 排他權으로 이해하고 있으므로, 선행하는 특허발명 또는 보호품종을 이용하고자 하는 경우에는 해당 권리자의 허락을 얻어야 하는 것으로 해석되며, 저촉 관계의 경우에도 타방 권리자의 허락을 얻어야만 자신의 권리를 실시할 수 있는 것으로 해석된다. 허락의 여부에 대해서는 당사자의 자유로운 의사결정에 따르며, 강제실시권 등과 같이 권리자의 의사에 반하여 라이선스를 부여하지는 않는다.

3) 국내 관련 규정의 해석과 개선 방향

품종보호권과 특허권이 이용관계에 있는 경우에 특허출원과 품종보호출원의 선후 관계에 따라 경우를 나누어 살펴볼 수 있다. 우선, 품종보호출원이 먼저 이루어진 경우를 보면, 현행 특허법 제98조는 특허권자가 그 특허발명의 특허출원일 전에 출원된 타인의 특허발명·등록실용신안·등록디자인이나 이와 유사한 디자인을 이용하는 경우에 그 특허권자·실용신안권자·디자인권자의 허락을 얻지 아니하고는 자기의 특허발명을 업으로서 실시할 수 없다고 규정하고 있다. 동 규정의 해석과 관련해서는 당연규정설과 예외규정설의 입장이 있다. 당연규정설은 특허권은 타인의 실시를 배제하는 소극적 효력만을 가지고 있으므로, 제98조의 규정은 이러한 법리를 확인한 것에 불과하며, 다만 제138조와의 관계에서 통상실시권 설정의 요건을 규정하고 있다는 점에서 의의가 있다고 본다. 반면 예외규정설은 특허법 제98조가 특허권의 적극적 효력을 제한하는 예외규정이라고 해석한다.[253] 즉, 자신의 발명을 실시하는 것은 특허

---

61 No. 9, 2008, p.58.

253) 예외규정설은 특허권과 품종보호권의 본질을 전용권으로 이해한다. 특

권자의 권리로서 타인의 특허권을 침해하는 것은 아니지만, 이렇게 될 경우 선행발명의 특허권과 후원의 이용발명의 특허권이 필연적으로 충돌하게 되므로 先願優位의 原則에 따라 제98조를 규정한 것이라고 설명한다.[254]

그렇다면 특허법 제98조에 규정되어 있지 않은 품종보호권과의 이용관계에 대해서는 어떻게 해석할 것인가? 당연규정설의 입장에서는 법률에 규정되었는지의 여부와 상관없이 선원 권리자의 허락을 받아야 하는 것으로 해석하므로, 특허권자는 선원 품종보호권자의 허락을 얻어야 한다고 해석하게 된다. 반면 예외규정설의 입장에서는 법률에 예외적으로 허락을 받도록 규정되어 있지 않는 한, 특허권자는 선원 품종보호권자의 허락을 받을 필요 없이 자신의 특허발명을 자유롭게 실시할 수 있다고 해석할 것이다.

현행법의 규정과 그 해석에 있어서는 견해가 나누어지지만, 산업정책적 관점에서 입법론적으로 볼 때는 특허권자가 선원 품종보호권자의 허락을 받도록 하는 것이 타당하다고 본다. 특허권의 본질을 어떻게 해석하든, 제98조의 취지에 대해서는 대부분 공감하고 있다. 특허법 제98조와 비슷하게 지재권의 이용·저촉관계를 조정하는 규정은 디자인보호법 등 다른 산업재산권법에도 규정되어 있다는 점이 이를 뒷받침한다.[255] 특허법 제98조를 제정할 때는 품종

허권과 품종보호권은 특허발명이나 보호품종을 '실시할 권리'를 부여하며, '독점한다'고 규정된 반사효과로서 다른 사람의 실시를 배제할 수 있는 소극적 권리가 부여된다. 덧붙여, 전용권설은 "자신의 특허발명은 타인의 제약을 받지 않고 자유롭게 실시할 수 있다"고 해석한다. 田辺 徹, "特許權の 本質," パテント, Vol.56 No.10, 2003, p.61.

254) 이두형, "特許侵害訴訟에 있어서 利用·抵觸關係," 지식재산21 통권 제55호 -'99 7월호.

255) 디자인보호법 제95조【타인의 등록디자인 등과의 관계】
   ① 디자인권자·전용실시권자 또는 통상실시권자는 등록디자인이 그 디자인등록출원일 전에 출원된 타인의 등록디자인 또는 이와 유사한 디

보호권 제도가 존재하지 않았기 때문에 예상하지 못했었지만, 만약 품종보호권이 존재했었더라면 입법가들은 제98조에 이를 포함시켰을 것이라고 본다. 따라서, 품종보호권과 특허권의 이용관계에 대한 해석론상의 혼란을 막기 위해서는 법률에 명확히 규정하는 것이 바람직하다.

둘째, 특허출원이 먼저 이루어지고, 이를 이용한 품종보호출원이 이루어진 경우에 품종보호권자가 특허권자의 허락을 받아야 하는가의 여부이다. 이는 품종보호권의 제한에 관한 사항이므로, 특허법이 아닌 식물신품종보호법의 관점에서 논의되어야 할 사항이지만, 식물신품종보호법에서는 특허법 제98조와 같은 취지의 규정이 없다. 다만, 품종보호권의 효력을 규정한 제56조 제1항의 내용이 특허법 제94조의 내용과 동일하므로, 특허권의 본질에 관한 논의를 그대로 끌어올 수 있고, 그 결과 품종보호권자가 특허권자의 동의를 얻

자인 · 특허발명 · 등록실용신안 또는 등록상표를 이용하거나 디자인권이 그 디자인권의 디자인등록출원일 전에 출원된 타인의 특허권 · 실용신안권 또는 상표권과 저촉되는 경우에는 그 디자인권자 · 특허권자 · 실용신안권자 또는 상표권자의 허락을 받지 아니하거나 제123조에 따르지 아니하고는 자기의 등록디자인을 업으로서 실시할 수 없다.

② 디자인권자 · 전용실시권자 또는 통상실시권자는 그 등록디자인과 유사한 디자인이 그 디자인등록출원일 전에 출원된 타인의 등록디자인 또는 이와 유사한 디자인 · 특허발명 · 등록실용신안 또는 등록상표를 이용하거나 그 디자인권의 등록디자인과 유사한 디자인이 디자인등록출원일 전에 출원된 타인의 디자인권 · 특허권 · 실용신안권 또는 상표권과 저촉되는 경우에는 그 디자인권자 · 특허권자 · 실용신안권자 또는 상표권자의 허락을 받지 아니하거나 제123조에 따르지 아니하고는 자기의 등록디자인과 유사한 디자인을 업으로서 실시할 수 없다.

③ 디자인권자 · 전용실시권자 또는 통상실시권자는 등록디자인 또는 이와 유사한 디자인이 그 디자인등록출원일 전에 발생한 타인의 저작물을 이용하거나 그 저작권에 저촉되는 경우에는 저작권자의 허락을 받지 아니하고는 자기의 등록디자인 또는 이와 유사한 디자인을 업으로서 실시할 수 없다.

어야 하는가의 여부에 대해서도 해석이 달라질 수 있다. 이와 같은 해석론상의 혼란을 막고, 산업정책적 관점에서 품종보호권자가 선원 특허권자의 허락을 받도록 하는 것이 바람직하다는 측면에서 식물신품종보호법에도 관련 규정을 도입하는 것이 타당하다고 본다.

한편 특허권과 품종보호권의 이용관계가 성립하는 경우, 후출원의 특허발명 또는 보호품종이 선행하는 보호품종 또는 특허발명에 비하여 상당한 경제적 가치가 있는 중요한 기술적 진보를 가져오는 경우에는 산업정책적 관점에서 특허법 제138조와 같은 통상실시권 허여 심판을 인정하는 것이 타당하다고 본다.

특허권과 품종보호권이 저촉관계에 있는 경우에도 특허출원과 품종보호출원의 선후 관계에 따라 경우를 나누어 살펴볼 수 있다. 우선, 품종보호출원이 특허출원보다 먼저인 경우는 특허법 제98조와 관련된다. 앞에서도 살펴보았듯이, 동 규정의 해석과 관련해서는 특허권의 본질을 보는 입장에 따라 상반되는 견해가 있고, 특허권자가 선원 품종보호권자의 허락을 얻어야 하는가의 문제에서도 해석이 나뉜다. 이와 같은 해석론상의 혼란을 막기 위해서는 법률에 명확히 규정하는 것이 바람직한데, 산업정책적 관점에서 특허권자가 선원 품종보호권자의 허락을 받도록 하는 것이 바람직하다는 측면에서 입법론적으로 품종보호권도 제98조에 포함시키는 것이 타당하다고 본다.

둘째, 특허출원이 먼저 이루어지고, 그 후에 품종보호권이 출원된 경우이다. 이때 품종보호권자가 특허권자의 허락을 받아야 하는가의 여부는 품종보호권의 제한에 관한 사항이므로, 특허법이 아닌 식물신품종보호법의 관점에서 논의되어야 할 사항이다. 그런데, 식물신품종보호법에서는 특허법 제98조와 같은 취지의 규정이 없다. 다만, 품종보호권의 효력을 규정한 제56조 제1항의 내용이 특허법 제94조의 내용과 동일하므로, 특허권의 본질에 관한 논의를 그대로 끌어올 수 있고, 그 결과 품종보호권자가 특허권자의 동의를 얻어야 하는가의 여부에 대해서도 해석이 달라질 수 있다. 위의 경우와 마찬가지로, 이와 같은 해석론상의 혼란을 막고, 산업정책적 관점에서 품종보호권자가 선원 특허권자의 허락을 받도록 하는 것이 바람직하다는 측면에서 식물신품종보호법에 관련 규정을 도입하는 것이 타당하다고 본다.

한편 선출원된 품종보호권이나 특허권의 존속기간이 만료된 경우를 대비하여, 특허법 제105조256) 또는 디자인보호법 제103조257)

---

256) 제105조 【디자인권의 존속기간 만료 후의 통상실시권】
　　① 특허출원일 전 또는 특허출원일과 같은 날에 출원되어 등록된 디자인권이 그 특허권과 저촉되는 경우 그 디자인권의 존속기간이 만료될 때에는 그 디자인권자는 그 디자인권의 범위에서 그 특허권에 대하여 통상실시권을 가지거나 그 디자인권의 존속기간 만료 당시 존재하는 그 특허권의 전용실시권에 대하여 통상실시권을 가진다.
　　② 특허출원일 전 또는 특허출원일과 같은 날에 출원되어 등록된 디자인권이 그 특허권과 저촉되는 경우 그 디자인권의 존속기간이 만료될 때에는 다음 각 호의 어느 하나에 해당하는 권리를 가진 자는 원(原)권리의 범위에서 그 특허권에 대하여 통상실시권을 가지거나 그 디자인권의 존속기간 만료 당시 존재하는 그 특허권의 전용실시권에 대하여 통상실시권을 가진다.
　　　　1. 그 디자인권의 존속기간 만료 당시 존재하는 그 디자인권에 대한 전용실시권
　　　　2. 그 디자인권이나 그 디자인권에 대한 전용실시권에 대하여 「디자인보호법」 제104조 제1항에 따라 효력이 발생한 통상실시권
　　③ 제2항에 따라 통상실시권을 가진 자는 특허권자 또는 전용실시권자에게 상당한 대가를 지급하여야 한다.
257) 제103조 【디자인권 등의 존속기간 만료 후의 통상실시권】
　　① 등록디자인과 유사한 디자인이 그 디자인등록출원일 전 또는 디자인등록출원일과 같은 날에 출원되어 등록된 디자인권(이하 "원디자인권"이라 한다)과 저촉되는 경우 원디자인권의 존속기간이 만료되는 때에는 원디자인권자는 원디자인권의 범위에서 그 디자인권에 대하여 통상실시권을 가지거나 원디자인권의 존속기간 만료 당시 존재하는 그 디자인권의 전용실시권에 대하여 통상실시권을 가진다.
　　② 제1항의 경우 원디자인권의 만료 당시 존재하는 원디자인권에 대한

의 규정과 같은 취지의, 존속기간 만료 후의 통상실시권에 관한 규정도 도입할 필요가 있다.

셋째, 특허출원일과 품종보호출원일이 동일한 경우이다. 이 경우의 해석은 특허출원일과 디자인등록출원일이 동일한 경우의 해석을 참고할 수 있다. 특허법 제105조와 디자인보호법 제103조는 특허출원일과 디자인등록출원일이 같은 날인 경우에도 존속기간 만료 후의 통상실시권을 인정하고 있는데, 이는 존속기간 만료 전에는 각각의 권리자가 자유롭게 실시할 수 있었음을 전제로 하고 있는 것으로 보인다. 따라서 특허출원일과 디자인등록출원일이 같은 날인 경우에는 특허권자와 디자인권자가 각각 자신의 특허발명 또는 등록디자인을 자유롭게 실시할 수 있고, 어느 권리의 존속기간이 만료된 경우에는 존속기간이 남은 권리자에게 상당한 대가를 지급해야 하는 것으로 해석할 수 있으며, 이러한 해석은 특허권과 품종보호권 간에도 적용할 수 있는 것으로 보인다.

특허권과 품종보호권의 이용·저촉관계를 조정하기 위한 법제도적 개선 방향을 정리하면 다음의 표과 같이 요약해 볼 수 있다. 우선 이용관계와 관련하여, 품종보호출원이 선행하는 경우 후출원의 특허권자가 품종보호권자의 허락을 받아 자신의 특허발명을 실시할 수 있도록 하며, 관련 내용을 특허법 제98조를 개정하여 반영할

전용실시권자 또는 제104조 제1항에 따라 등록된 통상실시권자는 원권리의 범위에서 그 디자인권에 대하여 통상실시권을 가지거나 원디자인권의 존속기간 만료 당시 존재하는 그 디자인권의 전용실시권에 대하여 통상실시권을 가진다.

③ 등록디자인 또는 이와 유사한 디자인이 그 디자인등록출원일 전 또는 디자인등록출원일과 같은 날에 출원되어 등록된 <u>특허권·실용신안권과 저촉되고 그 특허권 또는 실용신안권의 존속기간이 만료되는 경우에 관하여는 제1항 및 제2항을 준용한다.</u>

④ 제2항(제3항에서 준용하는 경우를 포함한다)에 따라 통상실시권을 갖는 자는 그 디자인권자 또는 그 디자인권에 대한 전용실시권자에게 상당한 대가를 지급하여야 한다.

[표 24] 특허권과 디자인권의 저촉관계 관련 규정

출원일의 선후	내 용	근거규정
특허출원〈디자인출원	디자인권자의 허락을 얻어 특허발명 실시 디자인권 존속기간 만료 후 통상실시권	특허법 제98조 특허법 제105조
특허출원〉디자인출원	특허권자의 허락을 얻어 디자인 실시 특허권 존속기간 만료 후 통상실시권	디자인보호법 제95조 디자인보호법 제103조
특허출원=디자인출원	(해석에 의해) 상호 자유롭게 실시 디자인권 존속기간 만료 후 통상실시권 특허권 존속기간 만료 후 통상실시권	근거규정 없음 특허법 제105조 디자인보호법 제103조

필요가 있다.

특허출원이 선행하는 경우에는 후출원의 품종보호권자가 특허권자의 허락을 받아 자신의 보호품종을 실시할 수 있도록 할 필요가 있는데, 이 경우는 품종보호권의 제한에 관한 사항이므로 식물신품종보호법에 포함될 내용이지만, 동법에는 관련 규정이 없으므로 새로운 조항을 신설하여 관련 내용을 반영할 필요가 있다.

한편 특허권과 품종보호권의 이용관계가 성립하는 경우, 후출원의 특허발명 또는 보호품종이 선행하는 보호품종 또는 특허발명에 비하여 상당한 경제적 가치가 있는 중요한 기술적 진보를 가져오는 경우에는 산업정책적 관점에서 통상실시권 허여 심판을 인정할 필요가 있다. 이때 선행하는 보호품종을 후출원의 특허발명이 이용하는 경우에는 품종보호권의 제한에 관한 사항이므로 식물신품종보호법에 규정될 내용이지만, 동법에는 관련 규정이 없으므로 새로운 조항을 신설하여 관련 내용을 반영한다. 그리고 선행하는 특허발명을 후출원의 보호품종이 이용하는 경우에는 특허권의 제한에 관한 사항이므로 특허법 제138조를 개정하여 반영할 필요가 있다.

[표 25] 특허권과 품종보호권의 이용관계 조화를 위한 법제도 개선방향

출원일의 선후	내 용	법제도 개선방향
특허출원〈품종보호출원	품종보호권자의 허락 받아 특허발명 실시 통상실시권 허여심판	특허법 제98조 개정 식물신품종보호법 관련규정 신설
특허출원〉품종보호출원	특허권자의 허락 받아 보호품종 실시 통상실시권 허여심판	식물신품종보호법 관련규정 신설 특허법 제138조 개정

저촉관계의 경우에도, 품종보호출원이 선행하는 경우 후출원의 특허권자가 품종보호권자의 허락을 받아 자신의 특허발명을 실시할 수 있고 관련 내용을 특허법 제98조를 개정하여 반영할 필요가 있으며, 특허출원이 선행하는 경우에는 후출원의 품종보호권자가 특허권자의 허락을 받아 자신의 보호품종을 실시할 수 있도록 식물신품종보호법 관련 조항을 신설할 필요가 있다.

한편 선출원 또는 同日 출원된 특허권이나 품종보호권이 존속기간의 만료로 소멸되는 경우에는 산업정책적 관점에서 소멸된 특허권이나 품종보호권에 관한 특허발명과 보호품종을 계속 실시할 수 있도록 통상실시권을 부여할 필요가 있다. 특허법은 제105조를 개정하여 관련 내용을 반영할 수 있겠지만, 식물신품종보호법은 비슷한 규정을 가지고 있지 않으므로 관련 규정을 신설할 필요가 있다.

마지막으로, 특허출원일과 품종보호출원일이 같은 날인 경우에는 상호 자유롭게 실시하도록 하는데, 특허법 제105조와 신설될 식물신품종보호법의 관련 규정의 해석에 의해 가능하므로, 기존의 규정을 개정하거나 새로운 조항을 신설할 필요는 없다.

[표 26] 특허권과 품종보호권의 저촉관계 조화를 위한 법제도 개선방향

6출원일의 선후	내 용	법제도 개선방향
특허출원〈품종보호출원	품종보호권자의 허락 받아 특허발명 실시 품종보호권 만료시 통상실시권 인정	특허법 제98조 개정 특허법 제105조 개정
특허출원〉품종보호출원	특허권자의 허락 받아 보호품종 실시 특허권 만료시 통상실시권 인정	식물신품종보호법 관련규정 신설 식물신품종보호법 관련규정 신설
특허출원=품종보호출원	상호 자유롭게 실시 품종보호권 만료시 통상실시권 인정 특허권 만료시 통상실시권 인정	현행규정 해석상 가능 특허법 제105조 개정 식물신품종보호법 관련규정 신설

5. 종자 기업들의 지재권 전략

식량작물을 중심으로 한 세계 종자시장은 인구증가에 따른 식량 공급의 확대, 기후변화에의 대비, 기능성 식품 및 의약품 등 응용산 업의 범위가 확대되면서 계속해서 증가할 것으로 예상된다. 종자 시장은 종자 그 자체에 대한 거래 시장도 중요하지만, 최근에는 유 용형질 및 기술 등에 대한 라이선스 시장이 중요해지고 있으며, 관 련 지식재산권을 확보하기 위한 노력들이 이루어지고 있다. 몬산 토, 듀퐁, 신젠타 등 다국적 종자기업들은 자사의 주요 제품을 보호 할 수 있는 지식재산권 포트폴리오를 구축하고 있으며, 자사의 종자 제품에 대한 매출을 증대하는 한편, 유용형질 및 기술 등에 대한 라 이선스를 통해서도 수익을 극대화하기 위한 노력들을 하고 있다.

(1) 주요 다국적 기업의 지식재산권 포트폴리오

다국적 종자기업들은 다양한 지식재산권 포트폴리오를 구축하여 자사의 주요 종자 제품을 보호하고 있다. 예를 들면, 몬산토는 통상 적으로 자사의 육종 기술과 종자 제품, 그리고 잡종 종자 제품의 부 모세대(parents)에 대해 특허 및 품종보호권을 획득하고 있다.[258] 대 두(soybeans)와 관련하여, 제1세대 라운드업 레디 형질을 커버하는 몬산토의 특허가 몇몇 국가에서 기간만료 되었고, 미국에서도 2014 년 만료될 예정이지만, 미국에서 대부분의 라운드업 레디 대두들은

---

258) Monsanto, 2013 Annual Report . http://www.monsanto.com/investors/ documents/annual%20report/ 2013/2013-monsanto-10-k.pdf.

특정 품종(varieties)을 커버하는 특허들에 의해 보호받고 있다. 나아가 대부분의 고객들과 라이선시들은 다음 10년까지 연장된 특허를 가진 대두 종자를 포함하는 제2세대 라운드업 레디 2 Yield 형질을 선택하고 있다. 옥수수와 관련해서도, 제1세대 YieldGard 형질에 관한 특허가 몇몇 국가에서 이미 만료되었고 미국에서도 2014년 만료될 예정이지만, 대부분의 농부들은 이미 다음 10년까지 특허가 확장된 차세대 Genuit corn 형질로 업그레이드했다. 면화에서도 전 세계적으로 대부분의 농부들이 2세대 형질을 사용하고 있다.[259]

한편 아래의 내용은 주요 다국적기업의 미국 품종보호권 보유 현황을 분석한 내용이다. 이러한 내용을 통해 각각의 기업들이 어떠한 작물에 대해 전략적인 투자를 하고 있는지를 파악할 수 있다.

1) 몬산토의 미국 품종보호권 보유 현황

USDA Certificate Management System[260]을 통해 출원인 명칭을 'Monsanto'로 검색했을 때, 총 748건이 검색되었다.[261] 이 중 21건은 보호기간이 만료되었으며, 727건은 보호기간이 남아 있다.

연도별 출원 동향을 보면, 2010년까지 꾸준히 증가하여 2010년 한 해 170건의 출원이 있었지만, 이후에는 감소추세에 있는 것으로 보인다.

---

259) Ibid.

260) http://apps.ams.usda.gov/CMS/.

261) 출원인(Original Applicant)의 이름은 대부분 Monsanto Technology, LLC 이었지만, Monsanto Company 65건, HybriTech US (a unit of Monsanto Company) 28건, HybriTech Seed International (a unit of Monsanto Company) 12건, Hartz Seed (a unit of Monsanto Company) 2건이 있었다. 2014년 10월 기준.

[표 27] 몬산토의 년도별 PVPA 출원 및 등록 현황

연 도	출 원	등 록	연 도	출 원	등 록
1988	2	0	2001	12	11
1989	0	0	2002	18	14
1990	0	0	2003	27	27
1991	2	3	2004	23	12
1992	6	0	2005	20	5
1993	6	8	2006	44	35
1994	7	10	2007	71	33
1995	14	10	2008	25	68
1996	8	7	2009	69	21
1997	17	1	2010	170	51
1998	8	3	2011	109	8
1999	8	12	2012	61	65
2000	7	16	2013	19	131

[그림 29] 몬산토의 연도별 PVPA 출원 및 등록 동향

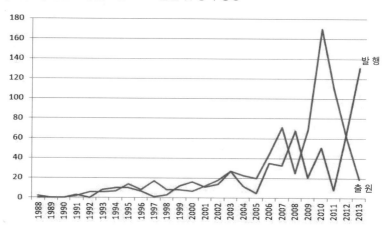

작물의 종류별로 살펴보면, 옥수수가 272건으로 가장 많고, 대두가 223건, 밀(common)이 158건, 면화 58건, 밀(durum) 16건, 보리 16건, 감자 5건의 순서로 나타나고 있다.

[표 28] 작물종류별 등록 건수

작물종류	등록 건수
Corn, field	272
Soybean	223
Wheat, common	158
Cotton	58
Wheat, durum	16
Barley	16
Potato	5
합계	748

2) 듀퐁 파이어니어의 미국 품종보호권 보유 현황

USDA Certificate Management System[262]을 통해 출원인 명칭을 'Pioneer'로 검색하면 Pioneer Hi-Bred International, Inc.가 등록한 2,052개의 PVPR이 검색된다. 이들 중 255개는 보호기간이 만료되었다.

파이어니어의 연도별 출원 및 등록 동향은 다음과 같다. 2010년 한해 269건의 출원이 있었으며, 그전까지는 계속해서 증가 추세에 있었지만, 그 이후에는 감소하고 있는 것으로 보인다.

[그림 30] 파이어니어의 연도별 PVP 출원 및 등록 동향

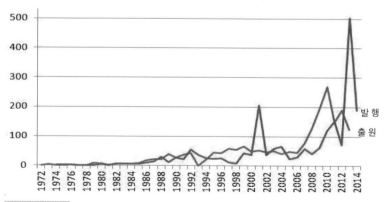

---

262) http://apps.ams.usda.gov/CMS/.

[표 29] 파이어니어의 연도별 PVP 출원 및 등록 현황

연 도	출 원	등 록	연 도	출 원	등 록
1972	1	-	1994	22	25
1973	5	-	1995	45	24
1974	0	2	1996	43	26
1975	0	3	1997	58	13
1976	2	2	1998	54	9
1977	1	1	1999	66	44
1978	0	0	2000	48	37
1979	8	0	2001	52	205
1980	7	7	2002	47	37
1981	0	3	2003	50	59
1982	6	6	2004	42	67
1983	7	6	2005	48	23
1984	7	6	2006	46	30
1985	8	6	2007	77	59
1986	17	10	2008	131	41
1987	22	15	2009	196	63
1988	22	29	2010	269	121
1989	39	12	2011	150	152
1990	28	28	2012	190	73
1991	38	22	2013	124	504
1992	43	54	2014	-	190
1993	0	38			

　　작물의 종류별로 살펴보면, 대두와 옥수수가 각각 909건, 881건
으로 전체 등록 건수의 대부분을 차지하고 있으며, 이 밖에 밀 106
건, 수수 99건, 알팔파 30건, 해바라기 27건으로 나타나고 있다.

[표 30] 작물 종류별 등록 건수

작물종류	등록건수
Soybean	909
Corn, field	881
Wheat, common	106
Sorghum	99
Alfalfa	30
Sunflower	27

3) 신젠타의 미국 품종보호권 보유 현황

USDA Certificate Management System[263]을 통해 신젠타의 PVP 출원 및 등록 현황을 살펴보면 총 464건이 검색된다. 이 중 28건은 보호기간이 만료되었다. 이들에 대한 연도별 출원 및 등록 동향은 다음과 같다.

[표 31] 신젠타의 연도별 PVP 출원 및 등록 현황

연도	출원	등록	연도	출원	등록
1986	1	1	2001	20	16
1987	0	0	2002	20	31
1988	3	0	2003	11	21
1989	2	0	2004	16	16
1990	11	0	2005	21	5
1991	7	3	2006	18	13
1992	8	18	2007	24	28
1993	8	7	2008	22	20
1994	7	2	2009	34	25
1995	1	2	2010	27	19
1996	10	3	2011	51	4
1997	4	10	2012	50	14
1998	9	0	2013	53	85
1999	20	7	2014	-	106
2000	5	8			

263) http://apps.ams.usda.gov/CMS/.

[그림 31] 신젠타의 연도별 PVP 출원 및 등록 동향

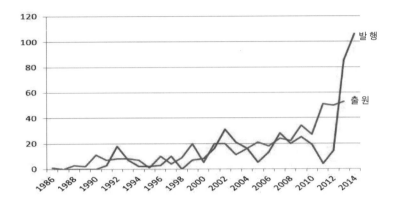

작물의 종류별로 살펴보면, 옥수수가 178건으로 가장 많고, 밀 76 건, 대두(Soybean) 63건, 콩(Bean) 55건, 완두콩(Pea) 47건, 수박 13 건의 순서로 나타나고 있다.

[표 32] 작물 종류별 등록 건수

작물종류	등록 건수
Corn, field	178
Wheat, common	76
Soybean	63
Bean, garden	55
Pea	47
Watermelon	13
Lettuce	9
Tomato	6
Triticale	4
Pepper	4
Bean, field	3
Celery	3
Muskmelon	1
Pumpkin	1
Cotton	1
합계	464

(2) 라이선스 전략: 몬산토 사례

몬산토는 다른 기업 등에게 생식질(germplasm)과 형질(Traits)에 관한 자사의 기술과 특허를 광범위하게 라이선스 하고 있다. 예를 들면, 몬산토는 대두, 옥수수, 카놀라와 면화 종자에 쓰이는 라운드 업 레디 형질과, 옥수수에 쓰이는 YieldGard 형질을 다수의 영리 단체들과 학계 기관들에게 라이선싱 하였다.[264]

그런데 몬산토는 자사의 형질에 대한 라이선스를 하면서 다른 회사의 형질과 함께 스택(stack)하는 것을 금지하는 내용을 두기도 한다. 예를 들면, 2009년 몬산토는 DuPont을 상대로 라이선스 위반과 특허 침해를 이유로 소송을 제기했는데, 동 소송에서 몬산토는 파이어니어에게 부여한 라이선스는 RR 형질을 다른 글리포세이트 저항성(glyphosate-tolerant) 형질과 함께 스택하거나, 스택 제품을 상용화하는 것을 허용하지 않는다고 주장했다. 이에 대해 DuPont은 기존 라이선스가 자사의 형질과 RR을 스택하는 것을 허용하고 있으며, 만약 그렇지 않다고 해석된다면 라이선스가 수정되어야 한다고 반박했고, 아울러 독점금지법 위반을 이유로 반소를 제기했다.[265] (자세한 내용은 아래 소송사례 참조)

이상과 같은 독점금지법 위반에 대한 논란을 겪으면서, 몬산토는 자사의 지재권을 라이선싱하는 접근방식과 관련하여 다음과 같은 점을 강조하고 있다.[266] 첫째, 몬산토는 자사의 형질을 광범위하게 라이선싱하고 있는데, 라이선싱 계약에서는 라이선시들로 하여금 그들의 종자에 몬산토의 형질을 사용할 것을 강요하지는 않는다는

---

264) Monsanto, 2013 Annual Report. http://www.monsanto.com/investors/documents/annual%20report/2013/2013-monsanto-10-k.pdf.

265) http://chineseip.jmls.edu/sites/zh/sites/default/files/2013-1349.pdf 참조.

266) http://www.monsanto.com/whoweare/pages/seed-licensing.aspx.

점이다. 즉, 라이선시들이 원하는 경우에 몬산토의 형질을 사용할 수 있도록 하고 있다는 점을 강조하고 있다.

둘째, 라이선시의 상황에 따라 라이선스 계약 내용이 그에 맞게 수정된다는 점이다. 예를 들면, 라이선시가 자사의 고유 형질을 보유하고 있는 경우, 양 당사자들은 그러한 상황을 반영할 수 있는 다양한 옵션과 특정한 조건들을 라이선스 계약에 포함시키게 된다.

셋째, 몇몇 라이선스 계약에서는 스택할 수 있는 권리를 포함하고 있다는 점을 강조하고 있다. 고유의 형질을 가진 회사들과의 계약에서 스택을 만들 수 있는 권리를 포함시켰다는 것이다. 하지만 대다수의 독립 종자 회사들은 일반적으로 스택을 만들 수 있는 라이선스를 요구하지 않는다.

몬산토는 필요한 경우에는 특정한 제품과 프로세스들에 관하여 다른 당사자들로부터 라이선스를 얻었다. 예를 들면, 몬산토는 라운드업 레디 종자들과 Genuity SmartStax 옥수수를 생산하는 데 사용하는 특정한 기술들에 대해 라이선스를 획득하였다. 이러한 라이선스들은 통상적으로 해당 특허권의 존속기간 동안 유지된다.[267] 몬산토는 듀폰, 신젠타, Bayer, Dow, BASF 등 주요 농화학 및 생명공학 기업들과 크로스 라이선스를 체결하였다.[268]

종자기업들은 현행 지식재산권법 보호체계가 갖는 제한 또는 한계를 라이선스와 기술이라는 수단을 통해 극복하고자 노력해 왔다.[269] 예를 들어 몬산토의 제품을 이용하기 위해서는 관련 라이선

267) Monsanto, 2013 Annual Report. http://www.monsanto.com/investors/documents/annual%20report/2013/2013-monsanto-10-k.pdf.

268) Philip H. Howard, "Visualizing Consolidation in the Global Seed Industry: 1996-2008", Sustainabililty Volume 1, Issue 4, 8 December 2009. http://www.mdpi.com/2071-1050/1/4/1266; https://www.youtube.com/watch?v=nBBXLZWyXBQ.

269) A. Bryan Endres, "State Authorized Seed Saving: Political Pressures and Constitutional Restraints", 9 Drake J. Agric. L. 323., p.335 이하.

스 조항을 준수해야 하는데, 라이선스에는 재파종을 위해 종자를 저장하거나 다른 사람들에게 공급하는 것을 금지하는 등의 내용이 포함되어 있다.270) 미국 법원은 몬산토가 제시하는 라이선스의 내용은 식물품종보호법(PVPA)이 허용하는 행위들을 제한하기 위한 것임이 명백해 보이지만, 이러한 제한이 없다면 몬산토는 그들의 투자에 대해 정당한 보수를 받기 위한 다른 대안이 없으므로, 이와 같은 라이선스의 내용은 합법적인 것으로 평가하였다.271) 그리고 농부들은 단순히 몬산토 종자의 포장을 개봉하는 것만으로 몬산토가 제시하는 라이선스에 동의하는 것으로 취급된다.272)

  종자의 지식재산권을 보호하기 위한 '기술'적 수단과 관련하여 가장 논란이 되었던 사례는 '터미네이터(Terminator)' 기술이다.273) 1998년 DPL사가 미국 농무부(USDA)와 함께 개발한 기술로서, 종자의 유전자를 변형하여 재파종을 불가능하게 만든 것이다. 특허가 부여된 후 곧바로 몬산토가 관련 기술을 매입하였지만, 국제적인 저항274)에 부딪혀 몬산토는 관련 기술이 적용된 제품을 시장에 내

---

270) 라이선스의 주요 내용은 다음과 같다. Monsanto Co. v. Ralph, 382 F.3d 1374 (Fed. Cir. 2004) 참조.
  - To use the seed containing Monsanto gene technologies for planting a commercial crop only in a single season.
  - To not supply any of this seed to any other person or entity for planting, and to not save any crop produced from this seed for replanting, or supply saved seed to anyone for replanting.
  - To not use this seed or provide it to anyone for crop breeding, research, generation of herbicide registration data or seed production.
271) Monsanto Co. v. Scruggs, 249 F. Supp. 2d 746 (N.D. Miss. 2001).
272) Elizabeth I. Winston, "What If Seeds were not Patentable?", 2008 Mich. St. L. Rev. 321.
273) "Control of Plant Gene Expression", U.S. Patent No. 5,723,765 (filed June 7, 1995) (issued Mar. 3, 1998).
274) 반다나 시바 著, 류지한 譯, 「누가 세계를 약탈하는가」, 울력, 2003. 120면 이하 참조.

놓지 않겠다고 선언하였다.275)

(3) 소송 전략: 몬산토 사례

1) 몬산토 v. 듀퐁 파이어니어276)

몬산토는 대두 종자에 유전자 변형을 가하여 라운드업 레디 (Roundup Ready) 종자를 개발하고, 라운드업 레디 형질을 포함하는 미국 특허 RE 39,247E(이하 '247 특허')를 출원 및 등록하였다. 몬산토는 라운드업 레디 기술을 DeKalb, Asgrow 등의 자회사뿐만 아니라, 경쟁회사에도 라이선스하는 전략을 취하였다. 예를 들면, 1992년 Pioneer Hi-Bred에 몬산토의 글리포세이트 저항성 형질을 포함하는 대두 종자를 생산 및 판매할 수 있는 비독점적 라이선스를 부여하였다. 듀퐁이 파이어니어를 합병한 이후, 2002년 4월, 몬산토와 파이어니어는 1992년 라이선스를 수정 및 보완한 라운드업 레디 대두 라이선스 계약을 체결하였다. 동 라이선스에 따라 듀퐁은 RR 형질에 의해 글리포세이트 저항성 대두 종자를 생산 및 판매하였다.

2006년 듀퐁은 자체 글리포세이트 저항성 형질을 개발했다고 발표했다. Optimum GAT(이하 'OGAT')라는 브랜드의 동 제품은 글리포세이트와 acetolactate synthase inhibitor herbicide에 모두 저항성(tolerance)을 가질 것으로 기대되었다. 듀퐁은 OGAT의 상용화를 시도했지만, 후속 실험에서 OGAT만으로는 상용화에 충분한 글리포세이트 저항성을 제공하지 못했다. 그런데 재배 시험에서 자사의 OGAT 형질과 몬산토의 RR 형질을 결합한 OGAT/RR 스택으로 높

---

275) Haley Stein, "Intellectual Property and Genetically Modified Seeds: The United States, Trade, and The Developing World", 3 Nw. J. Tech. & Intell. Prop. 160, para 36.

276) http://chineseip.jmls.edu/sites/zh/sites/default/files/2013-1349.pdf 참조.

은 산출량을 제공한다는 것을 발견했다. 그러나, 듀퐁은 OGAT/RR 대두 제품을 판매하지도 않았고, 2011년 혹은 2012년 개발을 중단했다.

2009년 몬산토는 듀퐁을 상대로 라이선스 위반과 '247 특허'의 침해를 이유로 소송을 제기했다. 몬산토는 기존 라이선스가 듀퐁에게 RR 형질을 OGAT와 같은 다른 글리포세이트 저항성 형질과 함께 스택하거나, 스택 제품을 상용화하는 것을 허용하지 않는다고 주장했다. 이에 대해 듀퐁은 기존 라이선스가 OGAT와 RR을 스택하는 것을 허용하고 있으며, 만약 그렇지 않다고 해석된다면 라이선스가 수정되어야 한다고 반박했다. 또한 듀퐁은 반독점을 이유로 반소를 제기했다.[277]

---

277) 동 라이선스의 3.01 section에는 다음과 같이 규정되어 있었다.

(a) Subject to the terms of this Agreement, Monsanto hereby grants to Licensee, and Licensee, hereby accepts, a non-exclusive license within the Licensed Field ⋯ to develop, use, produce, have produced, offer to sell, sell and import Licensed Commercial Seed ⋯

(e) The parties agree that except for applicable patents, Licensee shall be free to introduce any gene and/or trait into, and commercialize as set forth in subparagraph 3.01(a), Licensed Commercial Seed ⋯ without the prior consent of Monsanto, except as specifically provided in subparagraph 3.01(g) and 3.01(h) ⋯

(g) Licensee shall not be intitled to ⋯ (iv) use Biological Materials outside the Licensed Field ⋯

(i) Licensee agrees not to commercialize a variety of Licensed Commercial Seed which carries a gene or genes not supplied by Monsanto and which results in increased tolerance to a non-glyphosate herbicide without the prior written consent of Monsanto which consent shall not be withheld if Licensee reasonably demonstrates ⋯ that the introduction of such non-glyphosate herbicide tolerance gene(s) does not increase the injury ⋯ from glyphosate application to the crop ⋯

The term "Licensed Field" is defined in section 2.09 as: "Licensed

2010년 1월, 지방법원은 해당 라이선스가 모호하지 않으며, 듀퐁으로 하여금 라이선스된 형질에 non-RR 글리포세이트 저항성 형질을 스택할 수 있는 권리를 부여하지 않았다고 판결했다.

듀퐁은 자사가 OGAT/RR 스택을 상용화하고자 의도했었기 때문에, 계약 당사자들이 OGAT/RR 스택의 개발을 제한하고자 했던 것은 아니었다는 점을 반영하여 라이선스가 수정되어야 한다고 주장했다. 그러나 법원은 듀퐁의 입장(position)이 사실에 근거하고 있지 않으며, 사법절차를 남용했다고 판단하면서, 이에 대한 제재로 듀퐁의 수정(reformation) 항변 및 주장을 배척하고 몬산토의 변호사 비용을 보상할 것을 명령했다.

소송의 나머지 쟁점들은 계속 남아 있었는데, 2012년 6월, 지방법원은 계약 위반이라는 몬산토의 주장을 받아들였고, 듀퐁의 라이선스 항변은 배척하였다. 특허침해에 대한 주장은 배심원 심리에 의해 진행되었는데, 배심원들은 특허침해에 대한 손해배상으로 듀퐁이 몬산토에게 로열티에 상당하는 금액을 배상할 것을 평결했다. 듀퐁의 반독점 주장에 대한 별도의 심리는 2013년 10월로 예정되었다.

그런데 2013년 듀퐁은 몬산토에 적어도 17억 5천만 달러를 지급하기로 합의하고 새로운 라이선싱 계약을 체결하였다. 동시에 GMO 기술의 권리를 둘러싼 양사의 법적 분쟁을 종료하기로 했다.[278]

2013년 3월, 몬산토와 듀퐁은 모든 청구와 반대 청구를 기각할 것을 조건으로 공동으로 최종 판단을 신청했다. 듀퐁은 제재 명령과 이를 포함한 결정에 대한 항소할 권리는 유보했다. 그에 따라 지방

Commercial Seed which exhibit genetically-engineered protection against Glyphosate herbicide solely due to the presence of the Glyphosate-Tolerant Soybean Event: 40-3-2."

278) http://www.reuters.com/article/2013/03/26/us-monsanto-dupont-gmo-idUSBRE92P0IK20130326.

법원은 최종 판단을 했다.

듀퐁의 항소에 대해 2014년 5월 9일, CAFC는 항소를 기각하는 판결을 내렸다.[279)]

2) 농부들을 상대로 한 소송

몬산토는 라이선스 위반을 이유로 농부들을 상대로 470여 건 이상의 종자관련 소송을 진행했다.[280)] 가장 논란이 되었던 사례는 캐나다에서 제기되었던 Monsanto Canada Inc. v. Schmeiser 사례이다.[281)] 피고는 주로 유기농의 밀, 대두, 카놀라 등을 재배해 온 농부이다. 1990년대 들어 피고 농장의 인근에서 몬산토의 라운드업 레디 카놀라품종이 재배되기 시작했는데, 1998년 피고의 농장에서 재배된 카놀라 중 95-98%가 몬산토의 제품으로 밝혀졌다. 이에 대해 몬산토가 특허소송을 제기했는데, 주요 쟁점은 피고가 고의로 원고의 종자를 재배한 것이 아니라 자연생물학적 요소(natural biological factors)들에 의해 원고의 종자가 피고의 농장으로 들어왔다는 점이었다. 하지만 캐나다 연방대법원의 다수의견은 피고가 자신의 농장에서 재배되고 있는 카놀라가 원고의 제품임을 인지하고서도 계속적으로 이를 재배한 것은 원고의 특허권을 침해한다고 보았다.[282)]

---

279) http://chineseip.jmls.edu/sites/zh/sites/default/files/2013-1349.pdf.

280) Justin T. Rogers, "The encroachment of Intellectual Property Protections on the Rights of Farmers", 15 Drake J. Agric. L. 149, p.163.

281) Monsanto Canada Inc. v. Schmeiser, [2004] 1 S.C.R. 902 ¶¶ 1, 6, 11, 2004 SCC 34 (Can.).

282) 박재현, "식물특허법 개정에 따른 종자관련 발명의 지재권 보호방안 연구," 특허청, 2009, 143면 이하 참조.

(4) 국내 종자 기업의 지식재산권 확보 전략과 향후 과제

국내 종자시장은 규모가 매우 작은 편이다. 그중에서도 식량작물의 경우 국가나 지방자치단체 중심의 관 주도형으로 조직되어 있다. 그 결과 소규모의 국내 종자 기업들은 채소시장을 중심으로 외국계 기업들과 경쟁을 하고 있는 형편이다. 2014년 11월 현재 국내에서 등록된 종자업체의 수는 1,368개에 달하지만, 대부분의 종묘회사는 영세하여 자체 품종 개발능력이 없다. 유전자원 보유, 신품종 육성, 종자품질관리 등 품종육성 전문 경쟁력을 갖춘 업체는 몇개사에 불과할 뿐이다. 자본 및 품종개발 능력이 상대적으로 낮은 국내 종자업체가 다국적 기업과 국내외 시장에서 힘겹게 경쟁을 하고 있다. 자본이나 기술력에서 열세에 있는 국내 종자기업들은 품종보호제도와 특허제도의 장단점을 이해하고 효율적으로 지식재산권을 확보할 필요가 있다.

새로운 식물품종을 개발한 국내 기업은 그동안 품종보호제도를 선호해 왔다. 특허법상 종자를 본격적으로 보호하게 된 시점이 비교적 최근의 일이고, 그 때문에 인식전환에 시간이 부족했다는 점 등을 그 이유로 제시하기도 한다. 하지만 조금 더 자세하게 살펴보면, 품종보호권을 취득하는 비용이 특허권을 취득하는 비용보다 적게 든다는 점, 품종보호권으로 등록이 될 경우 종자산업법상 종자의 유통과정에서 보다 유리하다는 점 등 종자를 상업적으로 활용하는 데 유리하다는 점 때문에, 국내 종자 기업의 요구사항에 부합한다는 점이 보다 궁극적인 이유가 될 것이다. 반면, 특허제도는 다양한 보호대상에 대하여 권리화가 가능하다는 점, 출원인이 준비해야할 자료가 적고 권리화가 조속히 가능한 점, 권리의 행사 측면에서 권리의 효력이 제한되는 범위가 상대적으로 적다는 등의 장점을 가지고 있다.

이상과 같은 품종보호제도와 특허제도의 장단점을 적절히 활용하여, 종자 기업의 입장에서는 품종개발 기획단계, 품종개발단계, 지재권 출원단계, 심사·등록단계, 지식재산권 활용단계 등 시기별로 종자 지식재산권 전략을 마련하여, 종자 R&D 성과를 보다 효율적으로 보호할 수 있는 방안을 마련할 수 있도록 해야 할 것이다.

한편 품종보호제도와 특허제도의 장단점을 활용한 효율적 권리 확보 방안을 마련하는 것도 중요하지만, 향후에는 세계 종자시장에서의 기업들의 비즈니스 전략을 바탕으로 국내 기업들의 종자 지재권 '활용' 전략에 대한 연구와 논의가 지속될 필요가 있다고 본다. 아울러 세계 종자시장에서의 식량작물에 대한 중요성을 고려하여, 국내 식량작물 종자시장에서 중요한 역할을 하고 있는 국가나 지방자치단체 및 공공기관의 지재권 확보 및 활용 전략에 대해서도 충분한 논의가 필요하다. 이윤의 극대화를 목표로 하는 종자기업의 지재권 확보 및 활용 전략과, 공익을 목표로 공공정책을 추진하고 있는 공공기관 등의 지재권 전략에는 분명한 차이가 있기 때문이다.

제 3 장

종자와 농부, 그리고 국가

20세기 이후 종자를 둘러싼 규범체계는 크게 보면 두 가지 방향으로 진행되어 왔다. 그 첫 번째 방향은 종자시장의 성장과 함께 종자기업을 포함한 육종가의 지식재산권을 보호하고 강화하기 위한 노력들이다. 유럽과 미국을 중심으로 「식물신품종의 보호에 관한 국제협약」과 특허법에 의한 보호체계가 형성되어 왔으며, WTO/TRIPs를 통해 육종가 및 종자기업을 위한 지식재산권 보호체계는 우리나라를 포함한 전 세계로 확대되는 계기를 맞았다. 종자에 관한 규범체계의 두 번째 방향은, 종자를 포함한 유전자원을 보존하고 개선하는데 기여해 온 농부들과 토착지역공동체의 권리를 인정하고, 접근 및 이익공유(Access and Benefit Sharing) 등의 규범체계를 체계화하기 위한 노력들이다. 중국, 인도 및 아프리카, 중남미, 아시아 등의 개도국들을 중심으로 진행되어 왔으며, 「식량과 농업에 관한 식물유전자원 국제조약」(International Treaty on Plant Genetic Resources for Food and Agriculture)과 「생물다양성협약」(Convention on Biological Diversity), 「생물유전자원 접근 및 이익공유에 관한 나고야 의정서(Nagoya Protocol)」 등의 국제적인 규범체계에 일부 반영되고 있다.

우리나라의 경우 첫 번째 방향으로의 규범체계는 거의 완성단계에 이르렀다고 볼 수 있다. WTO/TRIPs의 이행과 관련하여 1995년 식물신품종의 육성자 권리를 보호하는 종자산업법을 제정하는 한편, 2006년 특허법을 개정하여 무성번식식물에 관한 舊특허법상의 규정을 삭제함으로써 무성번식식물과 유성번식식물을 구분하지 않고 특허법의 보호대상으로 취급하고 있다.[283] 반면 두 번째 방향, 즉 종자와 관련된 농부들과 지역공동체의 권리나 이익보호를 위한 노력은 매우 제한적이거나 전무한 실정이라고 해도 과언이 아니다.

종자산업이 본격적으로 형성되기 전까지 전통적으로 농부들은

---

283) 화학분야산업부문별 심사기준: 생명공학분야, 특허청, 2010.

수확한 작물의 일부를 종자로 저장하였다가 다시 파종하였고, 경우에 따라서는 종자를 다른 농부들과 교환 또는 공유하거나 판매하기도 하였다. 그런데 종자를 둘러싼 시장이 발전하고 종자의 판매를 통해 수익을 창출하는 종자기업들의 비즈니스 모델을 뒷받침하는 지식재산권 보호체계가 구축되어 감에 따라, 종자를 저장하였다가 재파종하거나, 다른 사람들과 종자를 교환 또는 공유하던 농부들의 전통적인 관행은 새로운 종자시장과 이를 뒷받침하는 지식재산권 체계와 충돌하고 있다.

1. 유전자원에 관한 새로운 국제 규범의 형성

1990년대 초까지 유전자원은 인류의 공동유산으로 취급되었다. 종자를 포함한 다양한 유전자원에 대해 누구나 접근할 수 있었고, 무상이용이 가능했다. 예를 들면, 1983년 식량농업기구 총회에서 채택된 「식물유전자원에 대한 국제지침」(International Undertaking on Plant Genetic Resources)은 식물유전자원이 인류공동유산(common heritage of mankind) 원칙에 기초하고 있다고 선언하여 식량농업식물유전자원에 대한 자유로운 접근과 교환을 규정하고 있었다.[284] 실제로 미국 등 선진국들은 우리나라를 포함한 다양한 국가의 유전자원을 확보하였고, 자국 내의 종자 산업 등에 이용해 왔다. 하지만, 1992년 생물다양성협약을 계기로 유전자원에 관한 새로운 국제 규범이 형성되고 있다. 이제는 유전자원에 대해 특정한 국가의 권리가 인정되기 시작하고 있다. 개도국들은 선진국의 유전자원 이용으로부터 얻은 이익에 대해 그들의 몫을 요구하고 있다.

(1) 생물다양성협약

생물다양성협약(Convention on Biological Diversity: CBD)은 생물다양성 보전의 필요성에 대한 범지구적 공감대가 형성됨에 따라 1992년 브라질 리우 유엔환경개발회의에서 채택되었다. 협약은 유전자원과 유전기술에 대한 모든 권리를 고려한 유전자원에 대한 적절한

---

284) 이재곤, "식량농업식물유전자원에 관한 국제적 규제," 국제법학회논총 52(2), 대한국제법학회, 2007.8, 345-346면 참조.

접근, 관련기술의 적절한 이전 및 적절한 재원제공 등을 통하여 생
물다양성을 보전하고, 그 구성요소를 지속가능하게 이용하며, 또한
유전자원의 이용으로부터 발생되는 이익을 공정하고 공평하게 공
유하는 것을 그 목적으로 하고 있다.[285] 특히 당시까지 인류 공동의
유산으로 간주되어 오던 생물유전자원에 대해 개별국가들의 주권
을 인정하였다.

생물다양성협약은 생물자원에 대한 국가의 주권적 권리를 인정
하고 생물유전자원의 이용으로부터 발생하는 이익의 공정하고 공
평한 공유를 규정하고 있다. 생물유전자원을 이용하기 위해서는 생
물유전자원 제공국으로부터 사전승인(Prior Informed Consent)을 받
아야 하며, 이익의 공유는 상호합의조건에 따라야 한다. 유전자원
의 이용으로부터 발생하는 이익의 공유와 관련하여, 협약은 각 체약
국들이 연구 · 개발의 결과와 유전자원의 상업적 및 그 밖의 이용으
로 발생하는 이익을 그 자원을 제공하는 국가와 공정하고 공평하게
공유하기 위하여 적절한 입법적 · 행정적 또는 정책적 조치를 취하
도록 하였고, 그러한 공유는 상호 합의된 조건에 따르도록 규정하
고 있다.[286] 이와 관련하여, 2000년 5월 제5차 당사국총회에서 유전
자원의 접근 및 이익공유의 이행을 위한 개방형 특별 작업반이 설
립되었다. 그리고 2002년 유전자원의 접근 및 이익공유에 대한 국
제지침서인「본 가이드라인」(Bonn Guidelines)이 제시되었다. 가이
드라인은 유전자원 이용자를 관할하는 당사국들이 그러한 자원을
제공하는 당사국의 사전승인 의무준수, 그리고 접근을 인정하는 상
호합의조건 의무준수를 지원하기 위해 적절한 법률, 행정, 또는 정
책 조치를 취할 것을 요구하고 있다. 이를 위해 당사국은 i) 잠재적
이용자에 대해 유전자원의 접근에 관한 의무 정보를 제공하는 메커

285) CBD, Article 1.
286) CBD, Article 15. 7.

니즘, ii) 지식재산권 적용에 유전자원 원산지, 토착·지역사회의 전통지식, 혁신 및 관행의 출처공개를 장려하는 조치, iii) 유전자원의 제공자가 있는 당사국의 사전승인 없이 취득한 유전자원 이용에 대한 방지목적의 조치를 고려할 수 있음을 규정하고 있다.287) 종자에 대한 농부들의 전통적 관행과 관련하여, 유전자원의 상업적 및 기타 이용이 유전자원의 전통적 이용을 방해하지 않도록 노력할 것과,288) 상호합의조건의 이행에 있어 이용자는 토착·지역사회의 관습, 전통, 가치관 및 관행을 존중해야 하며, 토착·지역사회의 정보 요청에 부응할 것을 요구하고 있다.289) 하지만 「본 가이드라인」은 법적 구속력이 없다는 한계가 있었다.

(2) 식량농업식물유전자원국제조약

「식량농업식물유전자원국제조약」(International Treaty on Plant Genetic Resources for Food and Agriculture: ITPGRFA)은 생물다양성협약에 부합하여 지속가능한 농업과 식량안보를 위한 식량농업식물유전자원의 보존과 지속가능한 이용 및 그것들의 이용으로부터 발생하는 이익을 공정하고 형평하게 공유하는 데 그 목적을 두고 있다.290) 특히 식량농업식물유전자원을 그 적용대상으로 한다.291) '식량농업식물유전자원(Plant Genetic Resources for Food and Agriculture)'이란 식량과 농업을 위한 실제적이거나 잠재적인 가치를 지닌 식물로부터 유래된 모든 유전물질을 의미하며, '유전물질 (Genetic Material)'이란 생식이나 영양번식체를 포함하여 식물에서

---

287) Bonn Guidelines, 16(d).
288) Bonn Guidelines, 16(a).
289) Bonn Guidelines, 16(b).
290) ITPGRFA, Article 1.
291) ITPGRFA, Article 3.

유래하여 유전적 기능을 갖는 모든 물질을 의미한다.[292]

　식량농업식물유전자원조약의 주요 내용은 「식물유전자원에 대한 국제지침」(International Undertaking on Plant Genetic Resources)에 기반하고 있다. 동 지침은 1983년 식량농업기구(FAO) 총회에서 채택된 것이다. 주요 내용으로는 각 국가들이 식물유전자원의 보존 및 개발을 위해 필요한 법률의 제정과 조치를 취할 것과, 식물유전자원의 이용에 관한 연구, 육종 및 훈련을 목적으로 무상으로 접근하거나 교환이 가능하도록 하는 내용이 포함되어 있다. 그런데 동 지침은 법적 구속력을 가지지 못했다. 그 이후, 1993년 생물다양성협약이 발효되고, CBD에서 요구하고 있는 유전자원에 대한 접근과 이익공유에 관한 내용을 포함하여 2001년 국제조약으로 채택한 것이다.[293]

　조약은 식량농업식물유전자원의 보존, 개선 및 이용을 가능하게 하는 데 있어서 전통적으로 세계 모든 지역의 농민들, 특히 원산지 및 다양성의 중심에 있는 지역(local) 농부들이 크게 기여를 해 왔으며, 현재의 그리고 앞으로의 기여도 중요할 것임을 인정하면서, 농부의 권리(Farmer's Rights)를 선언하고 있다.[294] 그런데 농부의 권리, 예컨대 유전자원의 이용으로부터 발생하는 이익의 공유에 참여하는 권리 등을 구체적으로 실현하기는 쉽지 않다. 이와 관련하여 조약은 '접근과 이익공유에 관한 다자체제(multilateral system)'를 제안하고 있으며, 그 과정에서 국가의 역할이 중요하게 부각된다. 체약 당사국들은 자국의 자원에 대한 접근을 결정할 권한이 각 정부에게 있고, 그들 국가의 국내법에 따른다는 것을 포함하여 식량농업식물유전자원에 대한 각 국가의 주권을 인정하며, 국가의 주권행

---

292) ITPGRFA, Article 2.
293) 농촌진흥청, "유전자원 접근 및 이익공유에 관한 국제규범 안내서," 2011.6.
294) ITPGRFA, PREAMBLE.

사에 있어서 체약 당사국들은 보완적이고 상호 강화하는 기초에서
식량농업식물유전자원에 대한 접근을 용이하게 함과 동시에 이들
자원의 이용으로부터 발생하는 이익을 공정하고 형평한 방식으로
공유하기 위한 효율적이고 효과적이며 투명한 다자체제의 설립에
동의한다.295) 다만, 체약국들의 우려를 고려하여 그 적용범위를 부
속서 I에 기재되어 있는 64작물(식량 35작물과 사료 27작물)로 한정
하고 있다.296) 그 내용은 아래와 같다.

[표 33] 식량작물(Food Crop)

작물명 (Crops)	한글작물명	속명(Genus)	비고(Observation)
Breadfruit	빵나무	Artocarpus	Breadfruit only
Asparagus	아스파라거스	Asparagus	
Oat	귀리	Avena	
Beet	사탕무우	Beta	
Brassica complex	배추과	Brassica et al.	Genera included are: Brassica, Armoracia, Barbarea, Camelina, Crambe, Diplotaxis, Eruca, Isatis, Lepidium, Raphanobrassica, Raphanus, Rorippa, and Sinapis. This comprises oilseed and vegetable crops such as cabbage, apeseed, mustard, cress, rocket, radish, and turnip. The species Lepidium meyenii (maca) is excluded.
Pigeon Pea	비둘기콩	Cajanus	
Chickpea	병아리콩	Cicer	
Citrus	귤속	Citrus	Genera Poncirus and Fortunella are included as root stock.

---

295) ITPGRFA, Article 10.
296) ITPGRFA, Article 11.

Coconut	코코넛	Cocos	
Major aroids	토란 등	Colocasia, Xantho-soma	Major aroids include taro, cocoyam, dasheen and tannia.
Carrot	당근	Daucus	
Yams	얌	Dioscorea	
Finger Millet	손가락조	Eleusine	
Strawberry	딸기	Fragaria	
Sunflower	해바라기	Helianthus	
Barley	보리	Hordeum	
Sweet Potato	고구마	Ipomoea	
Grass pea	그래스피	Lathyrus	
Lentil	렌스콩	Lens	
Apple	사과	Malus	
Cassava	카사바	Manihot	Manihot esculenta only.
Banana/ Plantain	바나나	Musa	Except Musa textilis.
Rice	벼	Oryza	
Pearl Millet	진주조	Pennisetum	
Beans	강남콩	Phaseolus	Except Phaseolus polyanthus.
Pea	완두	Pisum	
Rye	호밀	Secale	
Potato	감자	Solanum	Section tuberosa included, except Solanum phureja.
Eggplant	가지	Solanum	Section melongena included.
Sorghum	수수	Sorghum	
Triticale	트리트케일	Triticose-cale	
Wheat	밀	Triticum et al.	Including Agropyron, Elymus, and Secale.
Faba Bean / Vetch	잠두	Vicia	
Cowpea et al.	동부 등	Vigna	
Maize	옥수수	Zea	Excluding Zea perennis, Zea diploperennis, and Zea luxurians.

[표 34] 사료작물(Forages): 화본과 사료(Grass Forages)

속명 (Genera)	한글작물명	종명(Species)
Andropogon	쇠풀속	gayanus
Agropyron	개밀속	cristatum, desertorum
Agrostis	겨이삭속	stolonifera, tenuis
Alopecurus	둑새풀속	pratensis
Arrhenatherum	리본그래스	elatius
Dactylis	오리새	glomerata
Festuca	김의털속	arundinacea, gigantea, heterophylla, ovina, pratensis, rubra
Lolium	독보리속	hybridum, multiflorum, perenne, rigidum, temulentum
Phalaris	갈풀속	aquatica, arundinacea
Phleum	산조아재비속	pratense
Poa	포아풀속	alpina, annua, pratensis
Tripsacum		laxum

[표 35] 사료작물(Forages): 두과사료(Legume Forage)

속명 (Genera)	한글작물명	명(Species)
Astragalus	황기속 (자운영)	chinensis, cicer, arenarius
Canavalia	작두콩	ensiformis
Coronilla		varia
Hedysarum	묏황기속	coronarium
Lathyrus	연리초속	cicera, ciliolatus, hirsutus, ochrus, odoratus, sativus
Lespedeza	싸리	cuneata, striata, stipulacea
Lotus	벌노랑이	corniculatus, subbiflorus, uliginosus
Lupinus	루핀	albus, angustifolius, luteus
Medicago	알팔파	arborea, falcata, sativa, scutellata, rigidula, truncatula
Melilotus	전동싸리	albus, officinalis
Onobrychis		viciifolia
Ornithopus		sativus

속명 (Genera)	한글작물명	명(Species)
Prosopis		affinis, alba, chilensis, nigra, pallida
Pueraria	칡속	phaseoloides
Trifolium	토끼풀	alexandrinum, alpestre, ambiguum, angustifolium, arvense, agrocicerum, hybridum, incarnatum, pratense, repens, resupinatum, rueppellianum, semipilosum, subterraneum, vesiculosum

다자체제에 포함되는 식량농업식물유전자원은 체약 당사국들에게 용이하게 접근가능해야 하는데, 이를 위해 해당 국가는 일정한 조건에 따라 식량농업식물유전자원을 제공해야 한다.[297] 예를 들면, 식량 및 농업을 위한 연구, 육종 및 훈련을 위한 이용과 보존의 목적을 위해서만 접근이 제공되어야 하고, 화학적·약학적 및 기타 비식량과 사료 산업적 이용 목적은 포함하지 않으며,[298] 접근은 신속하게 허용되어야 하고, 무상으로 분양하거나 수수료를 부과하는 경우라도 최소비용으로 해야 한다.[299] 특히 지식재산권과 관련된 것으로, 다자체제로부터 유전자원을 수령한 자는 수령된 그 자체의 형태로는 식량농업식물유전자원이나 이들의 유전적 부분 또는 구성성분에 대한 용이한 접근을 제한하는 어떠한 지식재산권이나 기타 권리도 주장할 수 없다고 하면서도,[300] 지식재산권 및 기타 재산권에 따라 보호되고 있는 식량농업식물유전자원에 대한 접근은 관련 국제협정과 관련 국가의 법률에 따를 것을 요구하고 있다.[301] 이에 따라 동 규정상의 내용들을 WTO/TRIPs 등 지식재산권에 관한 다른 국제규범들과 어떻게 조화롭게 해석할 것인가의 문제가 제기

---

297) ITPGRFA, Article 12.3.
298) ITPGRFA, Article 12.3(a).
299) ITPGRFA, Article 12.3(b).
300) ITPGRFA, Article 12.3(d).
301) ITPGRFA, Article 12.3(f).

된다.302)

한편, 다자체제 내에 포함된 식량농업식물유전자원에 대한 용이한 접근이 그 자체로 다자체제가 제공하는 주요 이득이기도 하지만,303) 조약은 상업적 이용을 포함하여 다자체제 내의 식량농업식물유전자원의 이용으로부터 발생한 이익이 다양한 수단(예를 들면 정보의 교환, 기술에 대한 접근 및 이전, 능력배양, 상업화로 인하여 발생하는 이익의 공유 등)을 통해 공정하고 형평하게 공유될 것을 요구하고 있다.304) 그리고 이러한 이익이 모든 국가의 농부들, 특히 개발도상국과 경제체제전환국가들에서 이들 식량농업식물유전자원을 보존하고 지속 가능하게 이용하는 농부들에게, 직접 또는 간접적인 형태로 우선적으로 돌아가도록 요구하고 있다.305)

(3) 나고야 의정서

생물다양성협약을 기반으로 만들어진 본 가이드라인(Bonn Guide-lines)은 이익공유에 관한 기본적인 틀만을 제시하고 있을 뿐, 법적 구속력이 없는 자발적 지침에 불과하였다. 이에 대해 개도국을 중심으로 이익공유의 실효적인 이행을 위한 국제규범이 필요하다는 요구가 강하게 제기되었다.306) 이후 오랫동안의 논의 끝에 2010년 10월 말 일본 나고야에서 열린 제10차 CBD 당사국총회에서 나고야 의정서(Nagoya Protocol)가 채택되었다. 동 의정서는 유전자원과 이

---

302) 이와 관련한 자세한 논의는 Jonathan Curci, 「The Protection of Biodiversity and Traditional Knowledge in International Law of Intellectual Property」, CAMBRIDGE UNIVERSITY PRESS, 2010. 참조.

303) ITPGRFA, Article 13.1.

304) ITPGRFA, Article 13.2.

305) ITPGRFA, Article 13.3.

306) 환경부, 「생물유전자원 접근 및 이익공유에 관한 나고야 의정서 ― 주요 내용 설명자료」, 환경부, 2011.1. 참조.

158 제3장 종자와 농부, 그리고 국가

와 관련된 기술에 대한 권리를 고려하면서, 유전자원에 대한 적절한 접근, 관련 기술의 적절한 이전, 적절한 자금공여에 의할 것을 포함하여, 유전자원 이용 이익을 공정하고 공평하게 공유하고, 그럼으로써 생물다양성 보전과 그 구성요소의 지속가능한 이용에 기여하는 것을 목표로 하고 있다.[307] 의정서의 적용범위는 CBD협약 제15조의 적용범위 내의 유전자원과 그 자원의 이용으로부터 발생하는 이익에 적용되며, 아울러 유전자원과 연관된 전통지식과 그 지식의 이용으로부터 발생하는 이익에 관한 것이다.[308]

공정하고 공평한 이익 공유에 관한 사항은 의정서 제5조에서 규정하고 있다. 이때의 이익은 금전적, 비금전적 이익을 포함하며, 부속서에 열거된 것들을 포함하되 이에 국한되지 아니한다.[309] 각 당사국은 적절한 입법적 또는 정책적 조치를 통해, 유전자원 이용은 물론, 후속하는 응용 및 상용화에 따른 이익은 그러한 자원의 원산지 국가로서 그러한 자원을 제공하는 당사국 또는 협약에 따라 유전자원을 획득한 당사국과 공정하고 공평한 방식으로 공유되도록 해야 하며, 그러한 공유는 상호합의조건에 따라야 한다.[310] 특히 토착지역공동체가 보유한 유전자원과 관련하여, 이들 토착지역공동체들이 보유하는 확립된 권리들에 관한 국내법에 따라 토착지역공동체들이 보유한 유전자원 이용 이익이 상호합의조건에 근거하여 해당 공동체와 공정하고 공평하게 공유되도록 해야 한다.[311]

의정서 제6조는 유전자원에 대한 접근과 관련된 사항을 규정하고 있다. 자연자원에 대한 주권행사에 있어서 접근 및 이익공유에 관한 국내법 또는 규제요건에 종속함을 전제로, 이용목적의 유전자원

---

307) Nagoya Protocol, Article 1.
308) Nagoya Protocol, Article 3.
309) Nagoya Protocol, Article 5. 4.
310) Nagoya Protocol, Article 5. 1.
311) Nagoya Protocol, Article 5. 4.

접근은 해당 자원의 원산지 국가로서 자원을 제공하는 당사국 또는 협약에 따라 유전자원을 획득한 당사국이 달리 결정하지 않는 한, 당사국의 사전승인에 따라야 한다.312) 이 경우 사전승인을 요구하는 각 당사국은 다음 각 호와 같은 사항을 위해 적절한 입법적, 행정적 또는 정책적 조치를 취해야 한다.313)

(a) 이익 및 이익공유에 관한 당사국 국내법 및 규제요건의 법적 확실성, 명확성 그리고 투명성을 기한다.

(b) 유전자원의 접근에 관한 공정하고 일관된 규칙과 절차를 정한다.

(c) 사전승인을 신청하는 방법에 관한 정보를 제공한다.

(d) 비용 대비 효과가 높은 방법으로 합리적인 기간 이내에 국가책임기관이 명확하고 투명한 서면 방식으로 결정하도록 정한다.

(e) 접근 시점에 사전승인 결정과 상호합의조건의 확정에 대한 증거로서 허가서나 이에 상당하는 것을 발급하고, 이를 접근 및 이익공유 정보공유체계에 통보한다.

(f) 적용가능한 경우, 그리고 국내법에 종속함을 전제로 하여, 유전자원 접근에 대한 사전승인 또는 동의 및 토착지역공동체들의 참여를 보장하기 위한 기준과 절차를 정한다.

(g) 상호합의조건을 요구하고 확립하기 위한 명확한 규칙과 절차를 정한다. 그러한 조건은 서면으로 명시되어야 하며, 그중에서도 다음 각 목에 대한 내용이 포함되어야 한다.

(i) 분쟁해결조항

(ii) 지식재산권 관련 사항을 포함한 이익공유 조건

(iii) 해당 사항이 있을 경우, 제3자의 추후 이용, 그리고

(iv) 적용가능한 경우, 의도의 변화에 관한 조건.

---

312) Nagoya Protocol, Article 6. 1.
313) Nagoya Protocol, Article 6. 3.

이익의 공유와 유전자원에의 접근에 관한 이상과 같은 내용의 실질적 효과는 결국 유전자원을 이용하는 국가가 이를 얼마나 준수하고자 하는가의 의지에 달려 있다. 이와 관련하여 각 당사국은 관할 내에서 이용되는 유전자원이 사전 승인하에 접근이 허용되고 상호 합의조건이 확정되어 있다는 점을 규정하기 위해 상대 당사국의 접근 및 이익공유 관련 국내법 또는 규제요건이 요구하는, 적절하고 효과적이며 사안의 경중에 맞는 입법적, 행정적 또는 정책적 조치를 취해야 하며,314) 이러한 조치들이 준수되지 않는 상황에 대처하기 위해 적절하고 효과적인 조치를 취해야 한다.315)

한편 동 의정서는 유전자원에 관한 전통지식과 토착지역공동체에 관한 사항을 중요하게 다루고 있다. 이는 유전자원과 전통지식 간 상호연관성, 토착지역공동체에게 있어 양자 간의 불가분적 속성, 생물다양성 보전과 그 구성요소의 지속가능한 이용과 이들 공동체의 지속가능한 생활을 위한 전통지식의 중요성을 고려하고, 유전자원 관련 전통지식을 토착지역공동체가 보유 또는 소유하는 상황들의 다양성을 고려하고, 유전자원 관련 전통지식의 정당한 보유자를 공동체 내에서 물색하는 것은 토착지역공동체들의 권리임을 유념하고, 아울러 구어, 기록 또는 기타 형태로 유전자원 관련 전통지식을 국가가 보유하고, 생물다양성의 보전 및 지속가능한 이용에 중요한 풍부한 문화적 전통을 유전자원이 반영하고 있는 독특한 상황들을 고려한 것이다.316)

전통지식 및 토착지역공동체에 관한 당사국의 의무로는 다음과 같은 사항들이 포함되어 있다. 첫째, 국내법에 따라, 각 당사국은 토착지역공동체가 보유하는 유전자원 관련 전통지식에 대한 접근이

---

314) Nagoya Protocol, Article 15. 1.
315) Nagoya Protocol, Article 15. 2.
316) Nagoya Protocol, Preamble.

사전승인 또는 승인에 따라, 그리고 해당 토착지역공동체의 참여를 바탕으로 이루어지고, 상호합의조건이 확립되었다는 점을 확인하기 위한 목적으로 적절한 조치를 취해야 한다.[317]

둘째, 각 당사국은 의정서에 따른 의무를 이행함에 있어 유전자원 관련 전통지식과 관련하여 국내법에 따라 토착지역공동체들의 적절한 관습법, 공동체 규약, 절차를 고려해야 한다.[318] 또한 토착지역공동체들이 효과적으로 참여하는 가운데 유전자원 관련 전통지식의 이용자에게 그러한 지식의 이용 이익에 대한 접근 및 공정하고 공평한 공유를 위한 정보공유체계를 통해 열람가능한 사항들을 포함하여 이용자의 의무를 통지해야 한다.[319] 아울러 공동체 내 여성을 포함하여 토착지역공동체가 (a) 유전자원 관련 전통지식에 대한 접근 및 그러한 지식 이용 이익의 공정하고 공평한 공유와 관련한 공동체 규약, (b) 유전자원 관련 전통지식 이용 이익의 공정하고 공평한 공유를 보장하는 상호합의조건에 대한 최소 요건, 그리고 (c) 유전자원 관련 전통지식 이용 이익 공유를 위한 모델계약조항을 정하는 데 적절한 지원하도록 노력해야 한다.[320]

셋째, 각 당사국은 해당 토착지역공동체가 소재한 상대 당사국의 접근 및 이익공유(ABS) 관련 국내법 또는 규제요건이 요구하는 대로, 당사국 관할 내에서 이용되는 유전자원 관련 전통지식이 사전승인 또는 승인하에 토착지역공동체를 참여시킨 가운데 접근이 허용되었고 상호합의조건이 확정되었음을 규정하기 위해 적절하고 효과적인 입법적, 행정적 또는 정책적 조치를 취해야 하며,[321] 이러한 조치들이 준수되지 않는 상황에 대처하기 위해 적절하고 효과적

---

317) Nagoya Protocol, Article 7.
318) Nagoya Protocol, Article 12. 1.
319) Nagoya Protocol, Article 12. 2.
320) Nagoya Protocol, Article 12. 3.
321) Nagoya Protocol, Article 16. 1.

인 조치를 취해야 한다.[322]

　나고야 의정서가 「2010 국제생물다양성의 해」에 이루어진 가장 큰 진전으로 평가받고 있긴 하지만, 몇 가지 점에서 한계가 인정되기도 한다.[323] 예를 들어, 많은 규정들이 '적절한 경우(as appropriate)', '적용가능한 경우(where applicable)' 등의 문구를 포함하고 있기 때문에, 의정서의 해석과 관련하여 당사국에 많은 재량을 부여하고 있다는 점과, 특허심사시의 출처공개와 관련, "적절하고 효과적이며 사안의 경중에 맞는 입법적, 행정적 또는 정책적 조치를 취해야 한다"와 관련하여 어떤 것이 "적절하고 효과적이며 사안의 경중에 맞는 조치"인지도 당사국의 재량사항으로 남겨져 있다는 점 등이 지적되고 있다.[324]

322) Nagoya Protocol, Article 16. 2.
323) 환경부, 앞의 보고서, 발간사 中.
324) 아울러, 개도국에서는 특허청이 점검기관에 반드시 포함되어야 한다고 주장해 왔으나, 어떤 기관을 점검기관으로 지정할 것인지는 선진국의 반대로 구체적으로 규정되지 않았다. 환경부, 앞의 보고서, 22면. 참조.

2. 종자에 대한 농부의 권리

생명공학기술을 비롯한 현대적인 육종기술이 도입되기 전에도 농업의 시작과 함께 인류가 사용해 온 종자는 지속적으로 진화해 왔다. 그리고 그러한 진화의 가운데에는 언제나 농민들이 있었다. 식량농업식물유전자원조약(ITPGRFA)은 종자를 비롯한 식량농업식물유전자원의 보존, 개선 및 이용을 가능하게 하는 데 있어서 세계 모든 지역의 농민들과, 특히 다양성의 중심에 있는 토착·지역 농부들의 과거, 현재 및 미래의 기여를 인정하면서,[325] 체약 당사국들로 하여금 전 세계 식량 및 농업생산의 기초를 구성하는 식물유전자원의 보존과 개발을 해 오거나 앞으로도 계속할 세계 모든 지역의 토착·지역 공동체와 농부들, 특히 작물다양성을 갖고 있는 토착·지역 공동체와 농부들의 막대한 기여를 인정하도록 하고 있다.[326]

20세기 종자산업이 본격적으로 형성되기 전까지 전통적으로 농부들은 수확한 작물의 일부를 종자로 저장하였다가 다시 파종하였고, 경우에 따라서는 종자를 다른 농부들과 교환 또는 공유하거나 판매하기도 하였다. 농업에서 종자가 가지는 중요성을 인식하여 정부 또는 공공부분이 종자의 보급에 깊숙이 개입하는 경우도 많다. 우리나라의 경우 현재까지도 농촌진흥청이나 국립종자원 등의 다

---

325) ITPGRFA, Preamble

Affirming that the past, present and future contributions of farmers in all regions of the world, particularly those in centres of origin and diversity, in conserving, improving and making available these resources, is the basis of Farmers' Rights;

326) ITPGRFA, Article 9.

양한 사업들을 통해 우수한 종자를 농민들에게 보급하고 있으며, 미국에서도 20세기 초까지 연방정부가 종자를 공급해 왔다.[327]

그런데 종자를 둘러싼 시장이 형성되고 종자기업들의 비즈니스 모델이 매번 종자를 판매함으로써 수익을 창출하는 형태로 발전하며, 이러한 비즈니스 모델을 뒷받침하는 지식재산권 보호체계가 구축되어 감에 따라 상황은 다르게 전개되고 있다. 종자를 저장하였다가 재파종하거나, 다른 사람들과 종자를 교환 또는 공유하던 전통적인 농부들의 관행은 새로운 종자시장과 이를 뒷받침하는 지식재산권 체계와 충돌하고 있다. 이러한 상황에서 농부가 종자를 저장하고 다시 파종하거나, 다른 사람과 교환·공유하거나 양도하던 전통적인 행위를 현행 지식재산권법체계의 예외로 인정하거나, 더 나아가 이를 하나의 적극적 권리로 인정할 수 있는가의 문제가 제기된다.

(1) 소극적 권리: 지식재산권의 제한 또는 예외

앞에서 살펴보았듯이 UPOV는 육종가의 권리를 보호하면서도 다른 한편으로 다양한 사유로 권리의 범위를 제한할 수 있도록 하고 있다. 농부의 자가채종과 관련하여 우리나라가 가입한 1991년 UPOV 협약을 살펴보면, 체약국의 선택에 따라, 합리적인 범위 내에서 육성자의 적법한 이익을 보장하면서 어떤 품종에 관해서 농민이 보호품종 등을 자신의 토지에 재배하여 수확한 산물을 자신의 토지에서 증식목적으로 사용할 수 있도록 육성자권리를 제한할 수 있도록 하고 있다.[328] UPOV가 이와 같이 농민의 자가채종을 인정

---

327) Haley Stein, "Intellectual Property and Genetically Modified Seeds: The United States, Trade, and The Developing World", 3 Nw. J. Tech. & Intell. Prop. 160, para.16.

328) UPOV, Article 15(2).

하고 있는 이유는 어떠한 작물에 대해서는 농민들이 그동안 통상적
으로 종자를 보관해 왔기 때문이며, 국가들이 품종보호권을 부여할
때 농민들의 이와 같은 통상적인 행위와 작물별 특성에 따른 문제
를 고려하도록 허용하고자 함이다.329)

그런데 1991년 협약은 농부의 특권을 명백히 인정하고 있긴 하지
만, 그 범위에 있어서는 일정한 제한이 있다. 예를 들어, "합리적인
범위 내에서 육성자의 적법한 이익을 보장"해야 하기 때문에, 체약
국이 농부의 권리를 도입하더라도 육종가가 새로운 품종을 육성하
기 위해 필요한 투자에 대해 회수할 수 있는 기회를 무시해서는 안
된다.330) 뿐만 아니라, 경작자가 보호품종을 자기의 경작지에 재배
하여 얻은 수확물을 자기의 경작지에 재번식의 목적으로 이용할 수
있도록 허용하고 있긴 하지만, 농부가 번식의 목적으로 다른 농부
에게 종자를 판매하거나 교환하는 것을 허락하지 않고 있다.331) 이
러한 제한들 때문에, 특히 종자의 교환이 관행적으로 이루어지는 개
발도상국들에서는 1991년 협약을 비판하고 있다.332)

---

329) 최근진 외, "품종보호권 예외로서 농민의 자가채종 규정에 대한 국내 · 외
     논의 동향", 종자과학과 산업, 한국종자연구회, 2005, 65면.
330) 최근진 외, "품종보호권 예외로서 농민의 자가채종 규정에 대한 국내 · 외
     논의 동향", 종자과학과 산업, 한국종자연구회, 2005, 65면.
331) 미국 대법원도 Asgrow Seed v. Winterboer 사례에서 자가채종에 관한
     PVPA상의 예외규정은 농부가 자신의 농장에 재파종하기 위해 채종하는
     범위에 한정된다고 하였다. Haley Stein, "Intellectual Property and
     Genetically Modified Seeds: The United States, Trade, and The
     Developing World", 3 Nw. J. Tech. & Intell. Prop. 160.
332) "아프리카를 비롯하여 많은 개도국들은 1991년 협약의 비준에 반대하고
     있고 현재 케냐와 남아프리카 공화국은 유일한 아프리카의 UPOV동맹국
     으로 이들은 1978년 협약을 준수하고 있다. 1991년 협약에 대한 아프리카
     를 중심으로 한 저항은 동 협약이 1978년도 협약에 비하여 특허와 유사한
     협약으로 변화되었기 때문이다." 박재현, "식물특허법 개정에 따른 종자관
     련 발명의 지재권 보호방안 연구," 특허청, 2009, 11면.

1991년 UPOV 협약을 기초로 제정된 우리나라 식물신품종보호법도 자가채종을 품종보호권의 예외로 인정하고 있긴 하지만, 농민이 '자가생산을 목적으로' 한 자가채종에 대해서만 허용하고 있다.[333] 그리고 이를 보다 구체화하기 위해 舊종자산업법시행령 제35조에서는 농민이 자가생산을 목적으로 자가채종하는 때에 품종보호권을 제한할 수 있는 범위는 당해 농민이 경작하고 있는 포장에 심을 수 있는 최대 종자량으로 제한하였다. 그런데 현행 식물신품종보호법시행령 제35조는 최대종자량의 제한에 관한 내용을 삭제하는 대신, 자가채종이 허용되는 작물의 대상을 제한하여, "농어업인이 자가생산을 목적으로 자가채종할 때에 품종보호권의 제한범위는 농림수산식품부장관이 정하여 고시하는 작물로 한다"고 규정하고 있다. 그리고 자가채종이 허용되는 작물에 관한 고시는 현재까지 고시되지 않고 있다.[334]

한편 식물신품종보호법에서는 제한적이긴 하지만 농민의 자가채종에 관해 품종보호권을 제한할 수 있는 근거조항을 두고 있지만, 특허법에서는 연구 또는 시험을 하기 위한 경우 등이 아니라면 농민이 자가채종을 하거나 육종가가 다른 품종을 육성하기 위해 실시하는 경우에도 특허권의 침해에 해당하게 된다.[335] 그 결과 식물신품종보호법상의 품종보호권과 특허법상의 특허권에 의해 이중으로 보호되고 있는 종자의 경우, 식물신품종보호법상 합법적으로 허용

---

333) 식물신품종보호법 제57조 2항.
334) 자가채종에 관한 각국의 규정현황에 대해서는 최근진 외, "품종보호권 예외로서 농민의 자가채종 규정에 대한 국내·외 논의 동향," 종자과학과 산업, 한국종자연구회, 2005, 66면 이하 참조.
335) "자가채종은 연구 또는 시험에 해당하지 않고, 식물종자 판매자의 의사 또한 자가채종 후 대량 생산을 허용할 의도로 종자를 판매한 것으로 볼 수 없는 경우가 대부분이므로, 자가채종은 원칙적으로 특허권의 침해에 해당하는 것으로 판단", 서영철, "신규 식물발명에 관한 보호법규(하)," 법조 618호, 2008. 3, 364면.

되는 자가채종이지만 특허법상 특허권의 침해에 해당할 수 있는 경우가 존재하게 된다. 그런데 이와 관련하여, 특허법과 식물신품종보호법이 모두 인간의 정신적 활동의 창작에 대해 독점·배타권을 주되, 공익적 요청을 수렴하여 권리효에 제한을 가할 수 있다는 점과 식물신품종보호법 제57조 제2항의 취지가 농민의 자가채종의 경우에 실시료 부담을 완화시켜 주기 위한 것임에 비추어 특허법에서도 이와 비슷한 규정을 신설하여 농민의 고유한 권리를 보호할 수 있는 조절장치를 마련하자는 견해가 있다.336)

(2) 적극적 권리: 농부의 권리

1) 국제적 논의

1983년 식량농업기구 총회에서 채택된 식물유전자원에 대한 국제지침(International Undertaking on Plant Genetic Resources)은 부속서에서 농부의 권리(Farmer's Rights)에 대해 언급하고 있는데, 이는 식량농업식물유전자원의 보존과 개발에 기여해 온 농부의 노력에 대해, 주로 개발도상국의 전통농민에게 할당된 이익을 집단적으로 보상하는 것이다.337) 지침은 농부의 권리를 세계 모든 지역의 농부와 공동체의 공동이익으로 표현하고 있으며, 공동이익의 관리책임을 현재 및 미래 농부를 위한 신탁자로서 '국제사회(international community)'에 부여하고 있다. 표면적으로는 농부의 권리로 표현되

---

336) 다만 이러한 경우에도 자가채종이 각자의 농장에서 소규모로 행하여지는 경우에는 문제가 없지만, 조합조직에 의해서 대규모로 행하여지고 해당 조합원에게 종자를 무상으로 교부하는 등의 경우에는 특허권의 효력이 미치도록 하는 것이 바람직하다고 한다. 박재현, "식물특허법 개정에 따른 종자 관련 발명의 지재권 보호방안 연구," 특허청, 2009, 141면 이하.

337) 이재곤, "식량농업식물유전자원에 관한 국제적 규제," 국제법학회논총 52(2), 대한국제법학회, 2007.8, 349면 참조.

어 있지만, 농부는 발전된 식량농업식물유전자원의 보존과 이용에 참여가 보장되는 방법으로 간접적으로만 수혜를 받을 뿐이다.[338]

1992년의 생물다양성협약은 생물다양성의 보전 및 지속가능한 이용에 적합한 전통적인 생활양식을 취하여 온 토착민 사회 및 현지사회의 지식·혁신적 기술 및 관행을 존중하고, 이러한 지식·기술 및 관행 보유자의 승인 및 참여하에 이들의 보다 더 광범위한 적용을 촉진하며, 그 지식·기술 및 관행의 이용으로부터 발생되는 이익의 공평한 공유를 장려할 것을 규정하고는 있지만,[339] 농부의 권리에 대한 직접적인 언급은 없다.

2000년 제정된 지역공동체, 농부 및 육성자의 권리보호와 생물학적 자원의 접근에 대한 규제에 관한 아프리카 모델법[340]은 식량과 농업 생산을 위한 육종의 기초를 구성하는 식물 및 동물의 유전자원을 보존 및 개발하고 지속적으로 사용해 오는 데 농촌 공동체가 큰 기여를 해 왔다는 점에서 농부의 권리가 인정되고, 농부들의 이와 같은 성취를 지속시키기 위해서도 농부의 권리가 인정되고 보호되어야 함을 강조한다.[341] 그리고 농부의 품종과 육종은 관련 지역 농촌공동체의 관습과 법에 의해 인정될 수 있으며, 공동체에 의해 발견된 특정한 속성을 지닌 품종은 구별성, 통일성, 안정성의 기준을 충족할 필요가 없는 품종증명서(variety certificate)를 통해 지적 보호(intellectual protection)를 받게 된다.[342] 농부의 권리를 구체적으로 나누어 보면, a) 식물 및 동물의 유전자원에 관련된 전통지식의

---

338) 위의 논문, 349면.
339) 생물다양성협약 제8조.
340) African Model Legislation for the Protection of the Rights of Local Communities, Farmers and Breeders, and for the Regulation of Access to Biological Resources,
    http://www.grain.org/brl_files/oau-model-law-en.pdf.
341) African Model Legislation, Article 24.
342) African Model Legislation, Article 25.

보호에 대한 권리, b) 식물 및 동물의 유전자원으로부터 발생하는
이익을 공평하게 받을 수 있는 권리, c) 국가차원을 포함하여, 식물
및 동물의 유전자원을 보존하고 지속적으로 이용하는 것과 관련된
문제들의 의사결정에 참여할 수 있는 권리, d) 자가채종한 종자를
보존, 사용, 교환할 수 있는 권리, e) 이 법에 의해 보호되는 육종가
의 품종을 사용하여 농부의 품종을 개발할 수 있는 권리, f) 보호품
종의 농장저장(farm saved) 종자를 공동으로 보존, 사용, 증식, 처리
(process) 할 수 있는 권리가 포함된다.343) 다만, 농장에서 저장한 종
자를 종자시장에서 상업적 규모로 판매할 수는 없다.344) 그리고 새
로운 품종에 대한 육종가의 권리는 식량안보, 보건, 생물학적 다양
성, 특정한 품종에 대한 증식의 필요성 등의 목적에 의해 제한될 수
있다.345)

   2001년의 식량농업식물유전자원조약(International Treaty on Plant
Genetic Resources for Food and Agriculture)은 식량농업식물유전자원
의 보존, 개선 및 이용을 가능하게 하는데 있어서 전통적으로 세계
모든 지역의 농민들, 특히 다양성의 중심에 있는 토착·지역 농부들
이 크게 기여를 해 왔으며, 현재의 그리고 앞으로의 기여도 중요할
것임을 인정하면서, 농부의 권리(Farmer's Rights)를 직접적으로 선언
하고 있다.346) 종자에 관한 농부들의 권리와 관련하여, 농부들이 자
체 보존하는(farm-saved) 종자와 기타 번식재료를 저장, 이용, 교환
과 판매를 할 수 있도록 허용하고, 식량농업식물유전자원의 이용과
관련된 의사결정에 참여할 수 있도록 하는 한편, 유전자원의 이용
으로부터 발생하는 이익의 공정하고 형평한 공유에 참여할 수 있도
록 보장한다. 이와 같은 내용들은 국내적 및 국제적 수준에서 농부

---

343) African Model Legislation, Article 26.1.
344) African Model Legislation, Article 26.2.
345) African Model Legislation, Article 26.3.
346) ITPGRFA, PREAMBLE.

의 권리를 증진하는 것일 뿐만 아니라 농부의 권리의 실현을 위한 기초이기도 하다.347)

농부의 권리에 대한 구체적인 사항은 조약 제9조에서 규정하고 있다. 먼저 제1항은 체약 당사국들로 하여금 전 세계 식량 및 농업 생산의 기초를 구성하는 식물유전자원의 보존과 개발을 해 오거나 앞으로도 계속할 세계 모든 지역의 토착·지역 공동체와 농부들, 특히 원산지와 작물다양성을 갖고 있는 지역의 토착공동체와 농부들의 막대한 기여를 인정하도록 하고 있다. 그리고 제2항에서는 농부의 권리가 식량농업식물유전자원과 관련되므로 그 권리를 구현하는 책임이 각국의 정부에 있음에 동의하도록 요구한다.348)

농부의 권리를 보호하고 증진하기 위한 적절한 조치와 관련하여 동 조약은 (a) 식량농업식물유전자원과 관련된 전통지식(traditional knowledge)의 보호, b) 식량농업식물유전자원의 이용으로부터 발생하는 이익의 공유에 형평하게 참여할 권리, (c) 식량농업식물유전자원의 보존과 지속 가능한 이용에 관련된 문제들에 대한 국내적 차원의 의사결정에 참여할 권리 등과 같은 사례를 예시하고 있다. 당사국들은 이와 같은 사례를 포함하여 농부들의 필요와 우선순위에 따라 적절한 조치를 취해야 한다.349) 그리고 이와 같은 내용들이 농가에서 자체 보존되는(farm-saved) 종자와 번식용 물질을 보존, 이용, 교환 및 판매하는 농부들의 어떠한 권리도 제한하는 것으로 해석되어서는 아니 된다.350)

그러나 ITPGRFA도 농부의 권리에 관해 명시적인 규정을 두고 있긴 하지만, 이에 대한 강제력이 없으며, 시행여부에 대해서는 결국 체약국의 입법에 의존하고 있기 때문에, 농부의 권리 자체를 충분

---

347) ITPGRFA, PREAMBLE.
348) ITPGRFA, Article 9.
349) ITPGRFA, Article 9.2.
350) ITPGRFA, Article 9.3.

히 보장하는 데에는 한계가 있다는 비판이 있다.351) 다만, 현실적으
로는 물질이전협정(Material Transfer Agreement: MTA)을 통해 농부의
권리를 실현하기 위한 구체적인 내용을 담아내야 할 것이다.352)

2) 입법 사례

종자에 대한 농부의 권리를 인정하는 국제조약들은 여전히 추상
적인 내용을 담고 있거나 당사국의 국내 입법에 맡겨두고 있다는
한계를 지니고 있다. 이 점을 고려하면 무엇보다도 국내 법률로 농
부의 권리를 구체화한 내용을 살펴볼 필요가 있다. 이 점에 대해서
는 인도의 사례가 대표적이다.

인도는 「2001년 식물신품종의 보호와 농부의 권리에 관한 법」
(The Plant Variety Protection and Farmers Right Law 2001)을 제정하여
육종가의 권리와 함께 농부의 권리를 보호하고 있다.353) 특히 이 법
의 제4장(제39조 내지 제46조)에서는 농부의 권리를 보다 구체화하고
있는데, 주요 내용은 다음과 같다.

우선, 새로운 품종을 육종 또는 개발한 농부는 이 법에 의해 보호
되는 신품종 육종가와 마찬가지로 등록 및 기타의 보호를 받을 권
리가 있다는 점을 선언하고 있다. 보다 중요한 사항은, 농부 등이 유
전 재료(material)의 선택 및 보전에 관여해 온 것으로 인정받은 경
우, 해당 유전 재료가 등록 품종의 유전자원(donors)으로 사용된 경
우에 농부 등은 유전자원 기금(the Gene Fund)로부터 보상을 받을

---

351) 김은진, 앞의 논문, 515면.
352) 물질이전협정은 제12조 제3항 제1호, 제4호, 제7호의 규정과 제13조 제2
    항 제4호②에 규정된 이익공유 규정을 비롯하여 본 조약의 기타 관련 규정
    을 포함하여야 하고, 또한 식량농업식물유전자원을 취득한 당사자는 타인
    이나 다른 실체에게 식량농업식물유전자원을 이전하거나 그 후에 재이전
    하는 데 있어 이전되는 식량농업식물유전자원에 대해 물질이전협정의 조
    항이 적용되도록 한다. ITPGRFA, Article 12.4.
353) http://agricoop.nic.in/PPV&FR%20Act,%202001.pdf.

권리가 있음을 인정한 규정이다.354) 이를 위해 중앙 정부는 육종가
등으로부터 받는 이익 공유(Benefit Sharing) 등으로 국가 유전자원
기금(the National Gene Fund)이라는 기금을 조성해야 한다.355)

---

354) 39. (1) Notwithstanding anything contained in this Act, -

    (i) a farmer who has bred or developed a new variety shall be entitled for registration and other protection in like manner as a breeder of a variety under this Act;

    (ii) the farmers' variety shall be entitled for registration if the application contains declaration as specified in clause (h) of sub-section (1) of section 18;

    (iii) a farmer who is engaged in the conservation of genetic resources of land races and wild relatives of economic plants and their improvement through selection and preservation shall be entitled in the prescribed manner for recognition and reward from the Gene Fund.

    Provided that material so selected and preserved has been used as donors of genes in varieties registrable under this Act;

355) 45. (1) The Central Government shall constitute a Fund to be called the National Gene Fund and there shall be credited thereto -

    (a) the benefit sharing received in the prescribed manner from the breeder of a variety or an essentially derived variety registered under this Act, or propagating material of such variety or essentially derived variety, as the case may be;

    (b) the annual fee payable to the Authority by way of royalty under sub-section (1) of section 35;

    (c) the compensation deposited in the Gene Fund under sub-section (4) of section 41;

    (d) the contribution from any national and international organization and other sources.

    (2) The Gene Fund shall, in the prescribed manner, be applied for meeting -

    (a) any amount to be paid by way of benefit sharing under sub-section (5) of section 26;

    (b) the compensation payable under sub-section (3) of section 41;

    (c) the expenditure for supporting the conservation and sustainable

이와 같은 농부의 권리가 보장되기 위해서는 신품종의 출처를 명확히 할 필요가 있다. 이를 위해 동법은 신품종 출원을 하는 육종가 등은 출원서에 그러한 품종의 육종이나 개발 과정에서 어떤 부족이나 농가(rural families)에서 보전해 온 유전자원을 이용했을 경우에는 관련 정보를 공개할 것을 요구하고 있다. 그리고 육종가 등이 관련 정보를 고의로 숨겼을 경우에 등록을 거절할 수 있다.356)

한편 인도에 있는 어떠한 마을이나 지역 공동체를 위하여, 어떤 개인, 그룹이나 정부 또는 비정부 조직은 중앙 정부의 사전 동의를 얻어 어떤 품종의 진화에 대해 해당 마을 또는 지역 공동체의 기여가 있었다는 주장을 할 수 있다. 이와 같은 주장이 있는 경우 '센터'는 관련 사항에 대해 조사하고 관계 당국에 보고서를 제출한다. 관계 당국은 보고서의 내용이 적절하다고 판단하는 경우, 해당 품종의 육종가에게 통지하고 반론의 기회를 제공할 수 있다. 그리고 그러한 주장을 한 개인, 그룹, 정부 또는 비정부 조직에게 보상금을 지급할 것을 명령할 수 있다. 육종가가 지급하는 보상금은 유전자원 기금(the Gene Fund)에 기탁된다.357)

---

use of genetic resources including in-situ and ex-situ collections and for strengthening the capability of the Panchayat in carrying out such conservation and sustainable use;

(d) the expenditure of the scheme relating to benefit sharing framed under section 46.

356) 40. (1) A breeder or other person making application for registration of any variety under Chapter III shall disclose in the application the information regarding the use of genetic material conserved by any tribal or rural families in the breeding or development of such variety.

(2) If the breeder or such other person fails to disclose any information under sub-section (1), the Registrar may, after being satisfied that the breeder or such person has willfully and knowingly concealed such information, reject the application for registration.

357) 41. (1) Any person or group of persons (whether actively engaged in

마지막으로, 품종보호권의 효력 및 침해와 관련하여 농부를 위한
특별한 조항들이 있다. 예를 들면, 이 법에 포함된 어떠한 내용에도
불구하고, 농부가 침해 행위 당시에 그러한 권리의 존재를 알지 못
했던 경우에는 권리의 침해로 간주되지 않는다.[358] 아울러 이 법에

---

farming or not) or any governmental or nongovernmental organization
may, on behalf of any village or local community in India, file in any
centre notified, with the previous approval of the Central Government,
by the Authority, in the Official Gazette, any claim attributable to the
contribution of the people of that village or local community, as the case
may be, in the evolution or any variety for the purpose of staking a claim
on behalf of such village or local community.

(2) Where any claim is made under sub-section (1), the centre notified
under that sub-section may verify the claim made by such person or
group of persons or such governmental or nongovernmental
organization in such manner as it deems fit, and if it is satisfied that such
village or local community has contributed significantly to the evolution
of the variety which has been registered under this Act, it shall report its
findings to the Authority.

(3) When the authority, on a report under sub-section (2) is satisfied,
after such inquiry as it may deem fit, that the variety with which the
report is related has been registered under the provisions of this Act, it
may issue notice in the prescribed manner to the breeder of that variety
and after providing opportunity to such breeder to file objection in the
prescribed manner and of being heard, it may subject to any limit
notified by the Central Government, by order, grant such sum of
compensation to be paid to a person or group of persons or
governmental or nongovernmental organization which has made claim
under sub-section (1), as it may deem fit.

(4) Any compensation granted under sub-section (3) shall be deposited
by the breeder of the variety in the Gene Fund.

(5) The compensation granted under sub-section (3) shall be deemed to
be an arrear of land revenue and shall be recoverable by the Authority
accordingly.

358) 42. Notwithstanding anything contained in this Act, -

의해 보호되는 품종의 브랜드 종자(branded seed)를 판매하지 않는
경우라면, 농부는 이 법이 발효되기 이전에 누렸던 권리와 마찬가지
로, 이 법에 의해 보호되는 품종의 종자를 포함하여, 자신의 농산물
을 저장, 사용, 파종, 재파종, 교환, 공유 또는 판매할 수 있는 권리
가 있는 것으로 간주된다. 이때 브랜드 종자(branded seed)란 어떠한
종자를 포장하거나 용기에 담아서 라벨을 붙임으로써, 마치 이 법에
의해 보호되는 품종의 종자인 것처럼 표시하는 것을 말한다.359)
  농부의 권리에 관한 인도의 사례는 시사하는 바가 매우 크다. 비
록 법제도 자체가 명확하지 않고 제도 운영에 대한 실증적인 분석
도 이루어지지 못했지만, 추상적인 논의에 머무르고 있던 농부의 권
리를 보다 명확하고 구체화하고 있다는 점에서는 높이 평가할 만하
다. 우리나라의 경우 종자기업 등 육종가의 권리를 보호하는 지식

(i) a right established under this Act shall not be deemed to be
infringed by a farmer who at the time of such infringement was not
aware of the existence of such right; and

(ii) a relief which a court may grant in any suit for infringement
referred to in section 65 shall not be granted by such court, nor any
cognizance of any offence under this Act shall be taken, for such
infringement by any court against a farmer who proves, before such
court, that at the time of the infringement he was not aware of the
existence of the right so infringed.

359) 39. (1) Notwithstanding anything contained in this Act, -

(iv) a farmer shall be deemed to be entitled to save, use, sow, resow,
exchange, share or sell his farm produce including seed of a variety
protected under this Act in the same manner as he was entitled
before the coming into force of this Act :

Provided that the farmer shall not be entitled to sell branded seed
of a variety protected under this Act.

Explanation: For the purposes of clause (iv), "branded seed" means
any seed put in a package or any other container and labeled in a
manner indicating that such seed is of a variety protected under this
Act.

재산권 규범체계는 거의 완성단계에 이르렀지만, 종자와 관련된 농부들과 지역공동체의 권리나 이익보호를 위한 노력은 매우 제한적이거나 전무한 실정이다. 급증하고 있는 세계 인구에 대한 식량공급과 가속화되고 있는 기후변화에 대응하기 위해서는 새로운 품종을 개발해야 하고, 이를 위해 육종가들에게 어느 정도의 인센티브가 필요한 것은 사실이다. 하지만 그동안 종자를 보존하고, 개선 및 이용가능하게 해 온 농부들과 지역 공동체들의 기여를 인정한다면, 농부들에 대한 최소한의 기본적인 권리는 보장되어야 할 것이다.

(3) 종자의 공유에 관한 논의들

지식재산권에 의해 종자에 대한 사적 독점이 가능한 오늘날의 종자시장의 문제점을 비판하고, 그 대안으로 종자의 '공유'에 관한 논의와 운동들이 전개되고 있다. 전통적으로 종자는 고유 환경에 적응·발전해온 역사적 산물로서 개인이나 기업의 소유가 아닌 공유자산이었다. 하지만 육종 및 생명공학 관련 기술의 적용과 그 결과물을 지식재산으로 보호하는 현재의 종자 시장과 이를 뒷받침하는 법제도로 인해 종자는 더 이상 수집·보관·교환 가능한 대상이 아닌 하나의 상품으로 시장에서 거래되고 있다.

다국적 종자기업이 지배하고 있는 현재의 종자시장의 문제점을 비판하고 종자의 가치를 재발견하고자 하는 대표적인 운동으로 인도의 나브다냐(Navdanya)를 들 수 있다. 나브다냐 운동은 지난 20여 년 동안 인도 농민이 국제 종자·화학기업의 구조적 지배로부터 벗어나 자율적 농업에 종사할 수 있도록 하기 위해, 종자와 식량주권 수호, 생물다양성 보존, 생태적 농업방식인 유기농업으로의 전환, 토종 종자 보존과 보급 등 다양한 운동을 펼쳐 왔다.[360]

---

360) 김경학, "인도 '나브다냐'(Navdanya) 종자주권 운동에 관한 연구," 남아시

한편 독점 소프트웨어의 문제점을 비판하고 소프트웨어의 공동 개발과 자유로운 이용을 강조하는 자유/오픈소스 소프트웨어(Free/ Open Source Software) 운동의 성공에 영향을 받아, 2011년 위스콘신 -메디슨 대학을 중심으로 육종가, 농부, 종자업체, 대학 연구진이 함께 모여 오픈소스 종자 이니셔티브(OSSI: Open Source Seed Initiative)가 만들어졌다.[361] 현재, OSSI는 브로콜리, 셀러리, 메밀 등에 관한 새로운 품종 29개 씨앗을 누구나 오픈 라이선스로 이용할 수 있도록 하고 있으며, 씨앗을 종류별로 묶어 25달러에 판매하며, 이 씨앗으로 키운 식물 씨앗도 오픈 라이선스로 제공한다는 조건으로 제공하고 있다.[362]

대안으로서의 성공가능성을 떠나, 종자의 '공유'에 관한 논의 및 운동들은, 종자의 지식재산권 보호체계의 문제점을 보다 명확히 하고, 그 해결 방향을 제시하는 데 중요한 메시지를 던져줄 수 있으므로, 향후 국내에서도 우리의 현실을 반영한 충분한 논의가 진행될 수 있기를 기대한다.

아연구 제20권 제1호, 2014.6.

361) http://www.opensourceseedinitiative.org/.

362) http://www.technbeyond.co.kr/articleView.html?no=201404301405716 4406.

3. 종자와 국가

(1) 식량안보와 종자

식량농업기구(FAO)는 식량안보를 "모든 국민이 언제든지 활동적이고 건강한 삶을 영위하는 데 필요한 식품을 영양적으로 충분히 섭취가 가능하도록 물리적, 사회적, 경제적 접근이 가능한 상태"로 정의하고 있다. 즉, 충분히 이용가능한 식량이 있고, 접근성이 허락되며, 그 식량이 충분히 활용될 때에 식량안보가 달성된다고 한다.363) 국가는 이와 같은 식량안보를 확보하기 위해 다양한 정책을 수행해 왔다. 우리 정부는 국민에게 안전한 농수산물과 품질 좋은 식품을 안정적으로 공급하고자 「농어업 · 농어촌 및 식품산업 기본법」을 제정 및 운영하고 있다.364) 특히 정부는 식량과 주요 식품의 공급 및 가격이 국제적으로 불안정하거나 자연재해 등으로 안정적인 공급이 어려운 위기상황에 대비하기 위하여 식량 및 주요 식품을 국내에서 적정하게 생산하여 비축하거나 해외에서 확보하여 적정하게 공급하기 위한 정책을 세우고 시행하고 있다. 또한 내우외환, 천재지변 또는 중대한 재정상 · 경제상의 위기 등 예측하기 어려

---

363) 송주호, "식량안보와 필리핀 쌀 사례," 세계농업 제164호, 2014.4, 2-3면 참조.

364) 농어업 · 농어촌 및 식품산업 기본법
제1조 【목적】 이 법은 국민의 경제, 사회, 문화의 기반인 농어업과 농어촌의 지속가능한 발전을 도모하고, 국민에게 안전한 농수산물과 품질 좋은 식품을 안정적으로 공급하며, 농어업인의 소득과 삶의 질을 높이기 위하여 농어업, 농어촌 및 식품산업이 나아갈 방향과 국가의 정책 방향에 관한 기본적인 사항을 규정함을 목적으로 한다.

운 요인에 의하여 식량과 주요 식품의 수급위기가 발생한 경우에도 필요한 최소한의 식량과 주요 식품을 안정적으로 공급할 수 있도록 식량증산, 유통제한 및 그 밖에 필요한 시책을 강구하고 있다.365)

식량을 국내에서 적정하게 생산하여 공급하기 위한 가장 중요한 정책 중의 하나는 좋은 종자를 정부가 직접 공급하거나 시장을 통해 유통되도록 하는 것이다. 이와 관련하여 정부는 종자산업법을 통해 종자의 생산·보증 및 유통, 종자산업의 육성 및 지원 등에 관한 사항을 규정하고, 종자산업의 발전을 도모함으로써 농업·임업 및 수산업 생산의 안정을 이루고자 하고 있다.366) 종자산업법의 주요 내용은 다음과 같다.

첫째, 종자산업의 기반 조성에 관한 사항들이다. 예를 들면, 종자산업의 육성 및 지원을 위하여 5년마다 종자산업의 육성 및 지원에 관한 종합계획을 세운다. 이와 같은 종합계획에는 종자산업의 현황과 전망, 지원 방향 및 목표, 중장기 투자계획, 관련 기술 교육 및 전문인력의 육성방안, 농가의 안정적인 소득증대를 위한 연구개발 사업, 민간의 육종연구를 지원하기 위한 기반구축 사업, 수출 확대 등 대외시장 진출 촉진방안 등에 관한 내용이 포함된다.

둘째, 국가품종목록에 관한 사항을 들 수 있다. 농업·임업 및 수산업 생산의 안정상 중요한 작물의 종자에 대한 품종성능을 관리하기 위하여 해당 작물의 품종을 '국가품종목록'에 등재할 수 있도록 하고 있다. 품종목록에 등재할 수 있는 대상작물은 벼, 보리, 콩, 옥수수, 감자와 그 밖에 대통령령으로 정하는 작물이며, 사료용은 제외된다. 품종목록에 등재된 품종의 종자를 생산할 경우에, 농림축산식품부장관은 농촌진흥청장 등에게 그 생산을 대행하게 할 수 있으며, 이 경우 종자의 생산 및 보급에 필요한 경비의 전부 또는 일부

---

365) 농어업·농어촌 및 식품산업 기본법 제23조.
366) 종자산업법 제1조.

를 보조할 수 있다. 그리고, 농림축산식품부장관은 이와 같이 생산·보급한 종자의 결함으로 인하여 피해를 입은 농어업인에게 예산의 범위에서 피해액의 전부 또는 일부를 보상할 수 있다.

세 번째는 종자의 유통 관리에 관한 사항들이다. 예를 들면, 종자업을 하려는 자는 대통령령으로 정하는 시설을 갖추어 시장·군수·구청장에게 등록하여야 한다. 그리고, 출원공개된 품종이나 품종목록에 등재된 품종이 아닌 품종의 종자를 생산하거나 수입하여 판매하려는 자는 농림축산식품부장관에게 해당 종자시료를 첨부하여 신고하여야 한다. 한편 농림축산식품부장관이 정하여 고시하는 작물의 종자로서 국내에 처음으로 수입되는 품종의 종자를 판매하거나 보급하기 위하여 수입하려는 자는 그 품종의 종자에 대하여 농림축산식품부장관 또는 해양수산부장관이 실시하는 수입적응성시험을 받아야 한다. 수입적응성시험 결과가 공동부령으로 정하는 심사기준에 미치지 못할 때에는 해당 품종 종자의 국내 유통을 제한할 수 있다.

이 밖에도 종자의 유통과 관련하여, 농림축산식품부장관은 국내 생태계 보호 및 자원 보존에 심각한 지장을 줄 우려가 있다고 인정하는 경우에는 대통령령으로 정하는 바에 따라 종자의 수출·수입을 제한하거나 수입된 종자의 국내 유통을 제한할 수 있다. 또한 농림축산식품부장관 등은 우량종자의 생산과 원활한 유통을 위하여 필요하다고 인정하면 관계 공무원으로 하여금 종자업자나 종자를 매매하는 자의 영업장소·사무소 등에 출입하여 그 시설, 관계 서류나 장부, 종자 등을 조사하거나 품질검사를 하게 할 수 있으며 조사·검사에 필요한 최소량의 종자를 수거하게 할 수 있다. 그리고, 종자에 관하여 분쟁이 발생한 경우에는 그 분쟁당사자는 농림축산식품부장관 또는 해양수산부장관에게 해당 분쟁대상 종자에 대하여 필요한 시험·분석을 신청할 수 있다.

(2) 종자의 생산 및 유통과 국가의 역할

1) 국내 종자의 생산 및 유통의 구조

국내 종자산업의 시장 규모는 10억 5천만 달러 정도이며, 그중 농업 종자시장은 약 4억 달러에 불과하다. 이 중 채소종자 시장의 규모가 가장 크고, 그 다음이 화훼 종자시장이며, 식량작물 종자시장이 상대적으로 작다. 전 세계 종자시장의 경우 식량작물 종자시장의 비중이 80%에 달하는 것과 비교할 때, 특히 국내 식량작물 종자시장은 매우 작다. 그 이유는 벼 등 식량작물 종자시장의 경우 국가및 지자체에서 주도적으로 관여하여 저렴한 가격으로 민간에 공급하고 있기 때문이다. 반면 채소 종자시장의 경우 민간이 주도하고 있으며, 화훼류나 과수류의 경우 민관 혼합형으로 평가할 수 있다.[367]

[표 36] 국내 종자의 생산 및 공급 주체 (출처: 농업기술실용화재단)

분류	작물	종자 산업 단계별 주체			
		육종	종자생산	종자조제	보급/영업
관 주도형	5대 주요 식량 작물 (벼, 보리, 콩)	국립식량과학원 (개인육종가)	국립종자원 도농업기술원 위탁채종농가	국립종자원	주문생산 (농협/농업기술센터)
	5대 주요 식량 작물 (옥수수, 감자)	고령지농업연구소 (개인육종가)	강원도 원종장	-	주문 생산
민간 주도형	채소	민간종자회사	민간종자회사	민간종자회사	자유시장
관민 혼합형	기타 식량작물	국립식량과학원	도원종장 자가채종 등	다양함	자율교환
	특용 작물	국립식량과학원	도원종장 자가채종 등	다양함	자율교환
	약용 작물	국립원예특작원	민간종자회사	-	자유시장

367) http://www.seedplaza.or.kr/InformationAction.do?method=trend.

분류	작물	종자 산업 단계별 주체			
		육종	종자생산	종자조제	보급/영업
인삼	국립원예특작원	종자, 종삼(민)	-	-	
담배	KT&G	KT&G	KT&G	조합	
사료 작물	수입 (축산연구소)	수입	완제품수입	조합	
과수류	국립원예특작원 (개인육종가)	한국과수협회 회원사	묘 생산자	자유시장	
화훼류	국립원예특작원 (개인육종가)	종자: 수입 종묘: 민간, 조직배양회사	묘 생산자	자유시장	

식량작물은 직접 식용으로 사용되거나 가공식품의 원료로 사용
되는 작물이다. 국내에서는 벼, 보리, 콩, 옥수수 및 감자가 5대 주
요 식량작물로 취급되고 있다. 국내 식량작물의 종자는 주된 부분
이 국가 주도로 생산 및 보급되고 있다. 예를 들면, 벼, 보리, 콩의
경우 국립식량과학원에서 육종이 이루어지며, 국립종자원이나 도
농업기술원 등에서 종자생산되고, 보급은 농협이나 농업기술센터
를 통해 이루어진다.[368] 식량종자의 정부 보급종에 대한 가격 결정
방식은 해마다 약간씩 바뀌고 있지만 기본틀은 그대로 유지되고 있
다. 예를 들면, 벼 종자의 경우, 정부 공공비축미 특등품 수매가격에
20% 가산한 금액으로 수매하며 소득, 포장, 운송 등 농안기금으로
지원한 직접경비를 가산한 투입원가를 산정하고, 투입원가의 95%
수준을 공급가격으로 결정한다.[369]

채소작물 종자는 식량작물 종자와는 달리 주로 민간 종자업체에 의

---

368) http://www.seedplaza.or.kr/InformationAction.do?method=trend.
369) 김수석 외, "종자산업의 도약을 위한 발전전략," 한국농촌경제연구원, 2013.12, 19면.

해 육종과 생산, 채종, 정선 및 판매의 전 과정이 수행되고 있다. 일반
적으로 대부분 1대 교잡종이기 때문에 자가채종은 극히 제한적으로
이루어지고 있는데, 영양번식하는 마늘과 생강, 고정종인 상추 등에
서 부분적으로 자가채종이 이루어지고 있다. 1991년부터 해외 채종이
시작되어 물량과 비율이 지속적으로 증가하여, 채소종자의 수입이 증
가하고 있지만, 종자의 수출도 지속적으로 증가하여 해외 채종에 의
한 수입을 제외할 경우 수출액이 순 수입액보다 많은 편이다.370)

국내 화훼 종자시장은 민관 혼합형이다. 예를 들면, 육종의 경우
국립원예특작원을 통해 관 주도로 이루어지기도 하며, 개인육종가
를 중심으로 육종이 이루어지기도 한다. 다만, 화훼류의 경우 외국
에서 도입된 품종의 비율이 높은 상태이다. 생산과 유통은 주로 종
자업체에 의해 이루어지지만, 일부 화훼농가의 경우 자가 번식하여
사용하기도 한다.371)

과수종묘는 외국에서 도입된 품종의 비율이 높은 상태이지만, 사
과, 배, 복숭아 등을 중심으로 국산품종의 보급이 확대되고 있다. 대
부분 접목, 삽목 등 영양번식을 통해 생산되어 묘목 형태로 농가에
보급되고, 이들 묘목생산과 판매는 주로 과수종자업체에 의해 이루
어지지만, 많은 과수농가가 자가 번식하여 사용하기도 한다.372)

국내 종자시장의 구조와 공급주체들은 작물별 종자지재권의 출원
현황을 분석해 보면 잘 알 수 있다. 아래의 그림은 작물별 주요 품종에
대해, 상위의 품종보호 출원인들을 표시한 것이다. 주요 식량작물의
하나인 옥수수 품종의 주요 출원인으로는 농촌진흥청, 강원도 등 지자
체, 주요 국립대의 산학협력단 등이 포함되어 있다. 반면 주요 채소작
물의 하나인 배추 품종의 주요 출원인들은 대부분 종자회사들이다. 이
를 통해서도 국내에서 식량작물은 국가 및 지자체 등 공공부문이 주도

---

370) 위의 보고서, 24면.
371) 위의 보고서, 35면.
372) 위의 보고서, 33면.

하고 있으며, 채소시장은 민간이 주도하고 있음을 알 수 있다.

[그림 32] 옥수수 품종보호 상위 10개 출원인 연도별 출원동향 (농림수산식품기술기획평가원, 2014

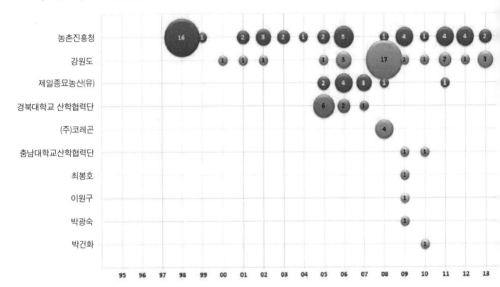

[그림 33] 배추 품종보호 상위 10개 출원인 연도별 출원동향 (농림수산식품기술기획평가원, 2014

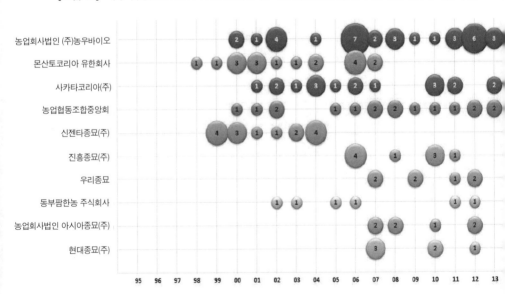

현재 국내 종자시장은 특히 식량작물을 중심으로 국가·지자체 등이 주도하고 있는 상황이며, 이를 통해 국가 전체에 필요한 공공정책이 반영되고 있다. 그런데 미국 등에서와 같이, 식량작물을 포함한 국내 종자시장도 향후에는 종자 기업이 주도하는 시장체제로 전환되어 갈 것이 예상되는 가운데, 이러한 시장 체제하에서 정부가 필요한 공공정책을 어떻게 반영시킬 것인지, 그리고 그 과정에서 종자에 관한 지식재산권 제도와 정책을 어떻게 개선하고 추진해 나가야 할지를 고민해 볼 필요가 있다.

시장경제에서 가장 중요한 공공정책 중의 하나는 반독점 정책이다. 특히 몬산토 등과 같은 대규모 다국적기업들이 상당한 시장점유율을 차지하고 있는 종자 시장에서는 정부의 경쟁정책이 매우 중요하며, 그 과정에서 필연적으로 이들 기업들이 소유한 지식재산권과 정부의 반독점 정책이 부딪치게 되는 지점이 발생하게 된다. 예를 들면, 라운드업레디 특허권에 관한 몬산토와 듀퐁의 분쟁에서, 듀퐁은 몬산토를 상대로 반독점 소송을 제기하면서 몬산토의 지식재산권 라이선스에 문제가 있음을 지적하였다.[373] 듀퐁은 별도의 보고서를 통해 몬산토가 해충저항성 및 제초제내성 옥수수와 대두를 독점하고 있으며, 자사의 브랜드 상품과 라이선스를 통하여 미국 대두 시장의 98%와 옥수수 시장의 79%, 그리고 미국 내 대두와 옥수수 유전자원(germplasm) 라이선스의 60%를 차지하고 있다고 평가한 후, 농업생명공학기술 시장이 유일한 공급자에 의해서 경쟁과 선택을 하기 힘든 상태로 굳어지고 있다고 주장했다.[374]

한편 종자시장과 관련된 또 다른 중요한 공공정책은 '식량안보'에

---

373) http://www.law360.com/articles/106707/dupont-slaps-monsanto-with-antitrust-patent-claims.

374) http://www.biosafety.or.kr/bbs/mboard.asp?exec=view&strBoardID=bsn_001&intPage=10&intCategory=6&strSearchCategory=ㅣs_nameㅣs_subjectㅣ&strSearchWord=&intSeq=50189.

관한 문제이다. 지식재산권이 중요한 역할을 하고 있는 종자시장에
서 반독점정책과 식량안보정책을 추진하기 위한 중요한 수단 중의
하나는 강제실시권이다. 현행 특허법과 식물신품종보호법에서는
국가안보, 경쟁정책, 보건정책 등의 사유에 의한 강제실시권 규정을
두고 있는데, 식량안보 등 종자시장에서의 공공정책적 관점에서 현
행 규정을 검토하고 필요한 경우에는 법제도적 개선을 도모할 필요
가 있다.

3) 국유 종자지재권의 활용에 관한 문제

국내 종자의 생산 및 유통에서 국가 및 지자체, 공공기관이 수행하
는 역할은 상당히 크다. 특히 식량작물의 경우 국가 및 지방자치단체
가 주도한다고 해도 과언이 아니다. 이와 같은 과정에서 국가는 다수
의 종자 지재권을 출원 및 등록하고 있으며, 국가가 보유한 지식재산
권을 어떻게 활용할 것인가에 대한 복잡한 문제가 발생한다.

[그림 34] 농촌진흥청의 주요 품목에 대한 품종보호 출원동향 (농림수산식품기술기획평가원, 2014)

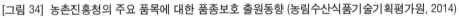
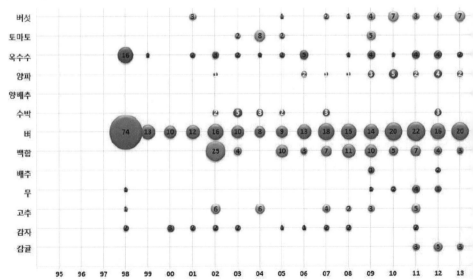

지식재산권도 종자 시장과 함께 발전해 왔다. 기업들은 연구 개발을 통해 새로운 종자를 개발하고, 지식재산권이라는 독점권을 취득한 후 시장을 통해 이윤을 창출하는 것이다. 그런데 국가가 농민에게 보급하기 위해 품종을 개발하고, 그 과정에서 관련 지식재산권을 취득했다면, 해당 지식재산권을 어떻게 활용해야 할 것인가에 대한 답은 명확하지 않다. 이러한 쟁점과 관련하여 농업기술실용화재단을 중심으로 국가 R&D 결과물인 국유지식재산의 활용률을 높이기 위한 관점에서 다양한 정책을 개발하고 있다.375) 그런데 종자에 관한 국유 지식재산권은 IT분야 등 다른 산업분야에서 획득한 국유 지식재산권과는 그 성격이 다르다. 따라서 식량안보 등 국가의 역할과 종자 시장이 갖는 특수성을 충분히 검토한 후에 관련 정책을 추진할 필요가 있다고 본다.

특허 등 지식재산권 제도는 기본적으로 자본주의 시장경제체제에 대한 믿음을 바탕으로 하고 있다. 그것은 재화의 효율적 재분배라는 시장의 기능을 아이디어 등과 같은 무형의 '정보'에 적용시킨 것이다. 원래 정보는 '비배타성'과 '비배제성'이라는 고유한 특성 때문에 시장의 실패가 발생하는 영역이다. 지재권 제도는 정보의 생산자들에게 법적 독점권을 부여하는 형태로 정보가 갖는 고유한 특성을 완화시켜 시장이 기능할 수 있도록 한 것이다. 하지만 그 과정에서 다양한 부작용이 나타났다. 정보의 자유로운 흐름을 막았고, 제도를 집행하는데 많은 비용이 요구되었다. 이러한 문제점들을 보완하기 위한 다양한 제도적 장치들이 도입되었다. 예를 들면, 저작권법 및 특허법에 예외 및 제한 규정을 다양하게 마련하였고, 권리남용이론 또는 독점규제법의 적용을 통해 권리행사를 제한하려는 시도들이 있어 왔다. 그리고 시장에서도 자유/오픈소스 소프트

---

375) 강경하 외, "농어업 · 농어촌 지식재산관리시스템 도입방안 연구," 농림수산식품부, 2010.12, 203면.

웨어(Free/Open Source Software)나 크리에이티브 코먼즈(Creative Commons)와 같이 지재권 제도의 역기능을 줄이기 위한 자정 노력들이 이루어지고 있다.

정부의 각 부처가 수행하고 있는 다양한 공공정책들에 지식재산권을 접목시키고자 할 때에도 지재권 제도가 갖는 한계와 역기능을 충분히 고려할 필요가 있다. 다시 한 번 강조하지만, 지재권 제도는 시장의 효율성에 대한 믿음을 전제로 이를 무형의 정보에 적용시키려는 시도이다. 그런데, 정부가 수행하는 다양한 공공 정책들은 시장 기능이 작동하지 못하는 부분에 집중된다. 그동안 우리 정부는 시장의 효율성에 대한 믿음을 바탕으로 정부가 수행해 오던 사업들 중에서 시장이 기능할 수 있는 부분들은 대부분 민간으로 이전해 왔다. (그 과정에서 시장의 효율성과 그 한계에 대해 충분한 논의가 있기도 했고, 그렇지 못한 경우도 있었다.) 이러한 점을 고려하면, 현재 정부가 수행하고 있는 다양한 정책들은 시장 기능이 작동하기 쉽지 않은 부분들이라는 점을 이해할 수 있다. 시장실패의 전형적인 사례로 꼽히는 국방 부문이 대표적이겠지만, 새로운 품종의 육종 및 활용 촉진을 위한 사업들, 다양한 생물자원을 발굴하고 보존하기 위한 사업들도 마찬가지이다. 이들 사업들은 각각 식량안보, 생물다양성 등의 공공의 가치와 매우 밀접하게 관련되며, 시장 기능에 맡길 경우 이와 같은 중요한 공공 가치들이 훼손될 우려가 있기에 현재까지도 정부가 맡아 오고 있는 것으로 볼 수 있다. 이와 같은 다양한 공공 정책 및 사업들을 지식재산권의 관점에서 검토해 보고 지재권 제도가 갖는 많은 장점들을 활용할 수 있도록 하는 것은 너무나 중요한 일이고 권장할 만하다. 그런데 맹신은 금물이다. 다시 한 번 강조하지만, 지식재산권제도는 시장에 대한 믿음을 전제로 시장 기능을 정보의 영역에 확장시켜 온 제도라는 점을 충분히 이해해야 한다. 정부의 다양한 정책에 지식재산권 개념이 녹아들어가는 과정에서 그 순기능과 역기능에 대해 충분히 논의하고 지식재산권의 긍정적인 측면을 받아들이면서 부정적인 측면을 최소화하기 위한 노력이 필요하다고 본다.

(3) 농업 생명자원과 주권

1) 농업 생명자원의 보존·관리 및 이용

앞에서도 살펴보았듯이, 1990년대 초까지 종자를 포함한 생명자원은 인류의 공동유산으로 취급되었다. 하지만 생물다양성협약을 계기로 국가는 자신의 생명자원에 대해 주권적 권리를 가지고 있다는 개념이 형성되기 시작했다. 즉, 국가는 자신의 천연자원에 대한 주권적 권리를 가지고 있으며, 유전자원에 대한 접근을 결정하는 권한은 해당 국가의 정부에 있고 유전자원에 대한 접근은 국가의 입법에 따른다.[376]

우리나라도 "유전자원의 주권화 및 독점화가 강화되고 있는 국제적인 추세에 맞춰 생명산업의 육성소재로서 무한한 경제적 가치를 지니고 있는 국가자산으로서의 농업유전자원에 대한 종합적인 관리체계를 구축하여 농업생물다양성을 보존하고 농업생명공학의 경쟁력을 강화하여 농업·농촌의 발전에 기여"하고자 「농업유전자원의 보존·관리 및 이용에 관한 법률」을 제정하여 시행하고 있다.[377] 그런데 정부 조직개편으로 수산에 대한 관리업무가 농림수산식품부로 통합됨에 따라, 2011.7.25. 동법의 명칭을 「농수산생명자원의 보존·관리 및 이용에 관한 법률」로 변경하는 등 전면 개정하였다. 전면 개정의 취지는 "국내 농수산생명자원에 대한 외국인의 무분별한 취득 및 국외 유출을 방지하고, 국내외 농수산생명자원을 종합적·체계적으로 확보·관리 및 이용할 수 있는 제도적 근

---

376) 생물다양성협약 제15조.
377) 「농업유전자원의 보존·관리 및 이용에 관한 법률」 입법배경 참조.

거를 마련하여 농수산생명자원의 효율적인 보존·관리 및 이용 등을 촉진하는 한편, 농수산생명산업 발전의 기반을 조성하여 농어업·농어촌 및 국가경제 발전에 이바지"하기 위함이다. 이를 위해 「농수산생명자원의 보존·관리 및 이용에 관한 법률」은 다음과 같은 내용을 두고 있다.

첫째, 외국인 등이 농수산유전자원의 상업적 이용 등을 목적으로 농수산생물자원을 취득하는 경우와 국민 등과 공동으로 농수산생물자원을 취득하는 경우에는 미리 허가를 받도록 하였으며, 농수산생물자원에 대한 대한민국 국민과 외국인 등에 대하여 허가 등을 할 때 대통령령으로 정하는 조건 등을 붙일 수 있도록 하였다.

둘째, 외국인 등에 대하여 농수산생명자원에 대한 권리 및 의무를 규정하고, 대한민국 국민 또는 외국인 등이 거짓이나 그 밖의 부정한 방법으로 농수산생물자원에 대한 취득 허가 등을 받은 경우 또는 농수산생명자원의 다양성이 심각하게 감소하거나 훼손될 우려가 있는 경우 등에는 해당 허가 등을 취소 또는 중지할 수 있도록 하였다.

셋째, 정부가 농수산생명자원의 보존·관리 및 이용을 위한 시책의 추진에 필요한 투자재원을 지속적이고 안정적으로 마련하기 위하여 노력할 것과, 해외 농수산생명자원 연구·개발 및 국제협력의 촉진을 위한 지원을 하고, 농수산생명자원의 현황이 파악될 수 있도록 매년 통계 및 간행물을 발간·보급하도록 하는 한편, 농수산생명자원의 확보·관리 및 이용을 위한 각종 사업을 집행하는 지방자치단체 또는 농수산생명자원 관련 단체에 대하여 예산지원이 가능하도록 근거조항을 두었다.

2) 유전자원의 접근 및 이익 공유

2010년 제10차 생물다양성협약 당사국 총회에서 유전자원에 대한 접근 및 유전자원의 이용으로부터 발생하는 이익의 공정하고 공평한 공유에 관한 「나고야 의정서」가 채택되고 2014년 10월 12일에 발효됨에 따라 우리 정부도 적극적으로 대응에 나서고 있다. 특히, 환경부를 중심으로 「유전자원의 접근 및 이익 공유에 관한 법률(안)」을 준비 중에 있다. 동 법률(안)의 주요 내용은 다음과 같다.[378]

첫째, 유전자원 등에 대한 접근과 이용을 위한 지원시책의 수립에 관한 사항이다. 정부는 유전자원 및 이와 관련된 전통지식[379]의 접근과 이용을 지원하기 위한 시책을 마련해야 하는데, 이와 같은 지원시책에는 유전자원 등에 대한 접근과 이용 현황, 유전자원 등에 대한 접근과 이용하는 자의 권리 보호 등에 관한 사항이 포함되게 된다.

둘째, 국내 유전자원 등에 대한 접근 신고에 관한 사항이다. 국내 유전자원 등의 이용을 목적으로 접근하려는 외국인, 외국기관 등은 국가책임기관의 장에게 신고하도록 하였다. 다만, 「생물다양성 보전 및 이용에 관한 법률」 등 다른 법률에 따라 신고 · 승인 등의 절차를 거친 경우는 제외된다. 국가책임기관은 「생명연구자원의 확보 · 관리 및 활용에 관한 법률」에 따른 소관 생명연구자원의 경우에는 미래창조과학부, 「농수산생명자원의 보존 · 관리 및 이용에 관한 법률」에 따른 농업생명자원의 경우에는 농림축산식품부, 「야생생물 보호 및 관리에 관한 법률」에 따른 야생생물분야 생물자원 및 「생물다양성 보전 및 이용에 관한 법률」에 따른 소관 생물자원인 경우에는 환경부, 「해양생명자원의 확보 · 관리 및 이용 등에 관한 법률」에 따른 해양생명자원 및 「농수산생명자원의 보존 · 관리 및 이용에 관한 법률」에 따른 수산생명자원은 해양수산부가 된다.

---

378) 이하의 내용은 2014년 10월 23일 제출된 정부안을 기준으로 작성하였다.
379) 이 경우의 '전통지식'이란 유전자원의 보전과 지속가능한 이용에 적합한 전통적인 생활양식을 유지하여 온 토착지역공동체의 지식,기술 및 관행(慣行) 등을 말한다. 「유전자원의 접근 및 이익 공유에 관한 법률(안)」 제2조 3호.

셋째, 유전자원 등의 이용으로부터 발생한 이익의 공유에 관한 사항이다. 이 경우의 '이익'이란 유전자원등의 이용으로부터 발생한 이익으로서 사용료 수입 등 금전적 이익과 기술이전, 공동연구 결과의 공유 등 비금전적 이익을 말한다.[380] 유전자원 등의 제공자와 이용자는 국내 유전자원 등에 대한 이용으로부터 발생한 이익을 공정하고 공평하게 공유하기 위하여 합의하도록 노력해야 한다. 그리고 환경부 등 관련기관의 장은 합의가 공정하고 공평하게 체결될 수 있도록 지원한다.

넷째, 유전자원 등에 대한 접근 및 이용의 금지 등에 관한 사항이다. 국가책임기관의 장은 생물다양성의 보전 및 지속적인 이용에 위해를 미치거나 미칠 우려가 있는 등의 경우에는 관계 중앙행정기관의 장과 협의하여 국내 유전자원 등에 대한 접근 및 이용을 금지하거나 제한할 수 있도록 하였다.

그런데 「유전자원의 접근 및 이익 공유에 관한 법률(안)」은 이익을 향유하는 주체에 대해서는 명확하게 규정하고 있지 않다. 법률(안)의 규정에서는 유전자원 등의 제공자와 이용자가 국내 유전자원 등에 대한 이용으로부터 발생한 이익을 공정하고 공평하게 공유하기 위하여 합의하도록 하고 있다. 다른 한편으로는 유전자원등에 대한 접근 및 이용으로부터 발생하는 이익의 공정하고 공평한 공유를 위한 기본원칙의 하나로서, "유전자원 등은 모든 국민의 자산으로서 체계적으로 보호되고 관리되어야 한다"고 천명하고 있다.

---

380) 「유전자원의 접근 및 이익 공유에 관한 법률(안)」 제2조 6호.

제 4 장

종자 '권리'의
이데올로기에 관하여

성경에는 종자 또는 씨앗에 관한 몇 가지 이야기가 나온다. 그중에서 필자가 가장 좋아하는 것은 예수의 '씨 뿌리는 자의 비유'에 관한 이야기이다.

씨를 뿌리는 자가 뿌리러 나가서 뿌릴새
더러는 길 가에 떨어지매 새들이 와서 먹어버렸고
더러는 흙이 얕은 돌밭에 떨어지매 흙이 깊지 아니하므로 곧 싹이 나오나 해가 돋은 후에 타서 뿌리가 없으므로 말랐고
더러는 가시떨기 위에 떨어지매 가시가 자라서 기운을 막았고
더러는 좋은 땅에 떨어지매 어떤 것은 백 배, 어떤 것은 육십 배, 어떤 것은 삼십 배의 결실을 하였느니라[381]

씨 뿌리는 자의 비유에서 예수는 씨앗을 '천국의 말씀'에 비유한다. 천국 말씀을 듣고도 깨닫지 못하는 자를 곧 길가에 뿌려진 자로 비유하고, 말씀을 듣고 즉시 기쁨으로 받되 환난이나 박해가 일어날 때에는 곧 넘어지는 자를 돌밭에 뿌려진 자로, 말씀을 들으나 세상의 염려와 재물의 유혹에 말씀이 막혀 결실하지 못하는 자를 가시떨기에 뿌려진 자로, 그리고 말씀을 듣고 깨닫는 자를 좋은 땅에 뿌려진 자로 비유하였다. 씨앗을 천국의 말씀에 비유한 것은 씨앗이 우리들에게 가져올 수 있는 가치와 그 가능성을 가장 최고로 표현하고 있는 것으로 보인다.

종자의 '권리'에 관한 규범체계가 우리에게 가져오는 메시지는 무엇인가? 종자의 지식재산권제도에 관한 논의에 담겨 있는 메시지들은 '굶주림으로부터의 해방', '기후변화가 가져올 식량난에 대한 대비', '새로운 성장 동력으로서의 바이오산업' 등이다. 실제로도 다수 국가의 국민들은 몬산토 등이 만들어낸 '뛰어난' 종자의 혜택을 누

---

[381] 마태복음 13장 1절 - 8절.

리고 있다. 인류가 농업을 시작한 이래 지금과 같이 값싸게 식량을 공급받은 적은 없었다. 북미 대륙의 대부분에서 재배되고 있는 몬산토 옥수수, 남미 대륙을 뒤덮어 가고 있는 몬산토 콩 등이 값싼 식량의 재료가 되고 있기 때문에 가능한 일들이다.

하지만 지식재산권의 이데올로기를 맹신하여 그것을 일반화하고 강화시키면 부작용이 생기기 마련이다. 예를 들어 종자의 지식재산권을 강화시키면 시킬수록 종자에 대한 통제권은 농부가 아닌 종자 기업으로 넘어가게 된다. 기업농이 대부분인 아메리카 대륙의 농부들은 이미 종자 기업에 예속되었고, 종자시장이 형성 및 발전하고 있는 아시아 및 아프리카 지역의 (가족농 또는 소농 형태의) 농부들도 자신들이 심고 가꾸는 종자에 대한 통제권을 잃어가고 있다. 이러한 흐름 속에서 '농부의 권리' 개념이 상황을 변화시킬 수 있을까? 지금까지의 논의들과 각국의 움직임들을 살펴볼 때 그 대답은 긍정적이지 못하다.

종자 지식재산권의 또 다른 부작용은 종자의 획일성 또는 단일화에 관한 문제이다. 저작권제도에 기반을 둔 상업화의 물결로 우리의 문화가 다양성을 상실하고 획일화되어 가고 있듯이, 지식재산권제도에 기반을 둔 종자시장의 발전으로 상품성 있는 획일화된 종자가 보급되면서 각 지역의 고유 품종들이 점점 사라져 가고 있다. 이러한 상황을 변화시키고자 생물다양성에 관한 논의가 지속되고 있고 '종자 주권'을 인정하는 규범체계가 형성되고 있다. 종자 주권 개념을 통해 국가가 종자에 관한 통제권을 가지면 이러한 흐름을 변화시킬 수 있을까?

필자로서는 아직 위의 두 가지 질문에 대한 해답을 찾지 못한 상황이다. 앞으로 단기간에 찾을 것 같지도 않다. 해답도 가지지 못한 상황에서 책을 내는 것은 부끄러워해야 할 일이다. 정말 부끄럽기도 하다. 하지만 혼자서 해답을 찾기보다는 누군가와 같이 찾고 싶다. 씨앗이 떨어져서 백 배, 육십 배, 삼십 배의 결실을 맺을 수 있는

그러한 규범체계를 찾아보고 싶다. 이러한 여정을 같이할 사람에게
필자가 지나온 지금까지의 여정을 알려주고 싶은 마음에 부끄러움
을 감수하고 완성하지 못한 책을 내놓는다.

- 참고문헌 -

〈국내논문〉

강경하 · 정이연 · 오권영 · 박병도 · 정만철 · 신중훈 · 강신호 · 이선영,
"농어업 · 농어촌 지식재산관리시스템 도입방안 연구," 농림수산식품
부, 2010.12.

김경학, "인도 '나브다냐'(Navdanya) 종자주권 운동에 관한 연구,"「남아
시아연구」제20권 제1호, 2014.6.

김병일 · 김경준 · 채지영, "유전자원 관련 전통지식의 보호와 지적재산,"
「산업재산권」제21권, 2006.

김수석 · 박현태, "종자산업의 도약을 위한 발전전략," 한국농촌경제연구
원, 2013.12.

김순웅 · 유승호 · 문종만 · 박명호 · 구본우,「해외 유전자원과 전통지식
의 효과적 이용방안 및 합리적 국제 보호방안」, 특허청, 2009.7.

김은진, "지적재산권으로서의 농부권 보호와 종자주권,"「경영법률」
Vol.21, No.1, 2010.

박기주 · 문정선 · 이효석, "유럽사법재판소 GM대두박 특허판결," KBCH
동향보고서, 2011.5.

박기환, "세계 종자시장 동향과 전망,"「세계농업」제161호, 2014.1.

박기환 · 박현태 · 정정길 · 유일웅 · 신종수, "종자산업의 동향과 국내 종
자기업 육성방안," 한국농촌경제연구원, 2010.

박덕병 · 안윤수 · 유명님 · 김미희, "전통지식 권리보호를 위한 각국의
독자적인 시스템 전략 분석,"「농촌경제」제27권 제3호(2004 가을).

박재현, "식물특허법 개정에 따른 종자관련 발명의 지재권 보호방안 연
구," 특허청, 2009.

서영철, "신규 식물발명에 관한 보호법규(상)," 법조 617호, 2008.2.

_____, "신규 식물발명에 관한 보호법규(하)," 법조 618호, 2008.3.

신지연 · 양대승 · 이철남, "신지식재산권의 동향조사 및 효율적 정책 대응 방안," 특허청, 2010.12.

오기석, "전통문화표현물의 보호에 관한 국제동향연구," 저작권위원회, 2007.12.

이재곤, "식량농업식물유전자원에 관한 국제적 규제,"「국제법학회논총」 52(2), 대한국제법학회, 2007.8.

윤선희 · 이봉문, "생명공학시대의 식물특허의 개선방안에 관한 연구," 지식재산권연구센터, 2001.

장영, "바이오 종자 개발 관련 미국을 중심으로한 글로벌 기업의 기술 개발 동향 분석," 한국산업기술진흥원, 2013.8.26.

정상빈 외, "GSP 주요 종자 수출국의 종자 관련 법 · 제도 · 정책동향 분석," 농림수산식품기술기획평가원, 2014.4.

최근진 외, "식물 신품종 육성자권리 보호제도 도입의 영향,"『지식재산연구』제5권 제3호, 2010.9.

최근진 외, "품종보호권 예외로서 농민의 자가채종 규정에 대한 국내 · 외 논의 동향,"「종자과학과 산업」, 한국종자연구회, 2005.

최영란, "특허권 침해: 특허권 소진되지 않은 몬산토의 유전자재조합식품 주의,"「과학기술법연구」 19권 3호, 한남대학교 과학기술법연구원, 2013.

한지학, "종자산업의 현황 및 생명공학 이용," 농우바이오생명공학연구소, 2009.

〈단행본〉

반다나 시바 著, 류지한 譯,「누가 세계를 약탈하는가」, 울력, 2003.

〈관련자료〉

국립종자원,「품종보호 출원 및 품종생산·수입판매 신고」, 2011.
_____,「품종보호분쟁사례집」, 2014.7.
농림수산식품부,「2020 종자산업 육성대책」, 2009.10.
특허청,「전통지식 및 유전자원에 대한 지재권적 보호가 국내 산업에 미
   치는 영향분석 및 대응전략 연구」, 특허청, 2007.
_____,「화학분야산업부문별 심사기준: 생명공학분야」, 특허청, 2010.
_____,「산업부문별 심사실무가이드 생명공학분야」, 2012.
한국지식재산전략원, 특허기술동향조사 보고서,「수출용 배추 종자개발
   세부연구계획 수립을 위한 상세기획」, 2013.2.
환경부,「생물유전자원 접근 및 이익공유에 관한 나고야 의정서 - 주요
   내용 설명자료」, 환경부, 2011.1.

〈해외논문〉

井内龍二, 伊藤武泰, 谷口直也, "特許法と種苗法の比較," パテント, Vol.
   61 No. 9, 2008.
田辺 徹, "特許権の本質," パテント, Vol.56 No.10, 2003.
Endres, A. Bryan, "State Authorized Seed Saving: Political Pressures
   and Constitutional Restraints," 9 Drake J. Agric. L. 323.
Howard, Philip H., "Visualizing Consolidation in the Global Seed
   Industry: 1996-2008," Sustainabililty Volume 1, Issue 4, 8 December
   2009(http://www.mdpi.com/2071-1050/1/4/1266).
Ikuta, Benjamin, "Genetically Modified Plants, Patents, and Terminator
   Technology: The Destruction of the Tradition of Seed Saving," 35
   Ohio N.U. L. Rev. 731.
Janis, Mark D. and Jay P. Kesan, "U.S. Plant Variety Protection: Sound

and Fury⋯?" (2002). Faculty Publications. Paper 430(http:// www. repository.law.indiana.edu/facpub/430).

Janis, Mark D., and Jay P. Kesan, "Intellectual Property Protection for Plant Innovation: Unresolved Issues After J.E.M. v. Pioneer," Illinois Public Law and Legal Theory Research Papers Series, Research Paper No. 03-01, February 10, 2003(http://papers.ssrn.com/abstra ct= 378820).

Moss, Diana L., "Competition and the Transgenic Seed Industry," Organization for Competitive Markets 2009 Food and Agriculture Conference, August 7, 2009(http://www.antitrustinstitute.org/files/ OCM_Moss_August%2009_08 1120090802.pdf).

Nicholson, David R., "Agricultural Biotechnology and Genetically Moified Foods: Will The Developing World Bite?," 8 Va.J.L. & Tech 7.

Pardey, Philip; Koo Bonwoo; Jennifer Drew; Jeffrey Horwich; and Carol Hottenburg, "The evolving landscape of plant varietal rights in the United States, 1930‒2008," nature biotechnology 31, 25-29 (2013) (http://www.nature.com/nbt/journal/v31/n1/full/nbt.2467.html?WT. ec_id=NBT-201301).

Ragavan, Srividhya, and Jamie Mayer, "Has India Addressed Its Farmers' Woes? A Story of Plant Protection Issues," 20 Geo. Int'l Envtl. L. Rev. 97.

Rogers, Justin T., "The Encroachment of Intellectual Property Protections on the Rights of Farmers," 15 Drake J. Agric. L. 149.

Stein, Haley, "Intellectual Property and Genetically Modified Seeds: The United States, Trade, and The Developing World," 3 Nw. J. Tech. & Intell. Prop. 160.

Tripp, Robert; Niels Louwaars; and Derek Eaton, "Plant variety protection in developing countries. A report from the field," Food

Policy 32 (2007) 354–371.

Varella, Marcelo Dias, "Intellectual Property and Agriculture: The Case on Soybeans and Monsanto," (http://ssrn.com/abstract=2145111).

Winston, Elizabeth I., "What if seeds were not patentable?," 2008 Mich. St. L. Rev. 321.

〈단행본〉

Curci, Jonathan, The Protection of Biodiversity and Traditional Knowledge in International Law of Intellectual Property, Cambridge University Press, 2010.

Shiva, Vandana, Soil Not Oil: environmental justice in a time of climate crisis, South End Press, 2008.

Tomkowicz, Robert, Intellectual Property Overlaps: Theory, Strategies, and Solutions, 2013.

Zografos, Daphne, Intellectual Property and Traditional Cultural Expressions, Edward Elgar, 2010.

- 찾아보기 -

| 저자 소개 |

이 철 남

고려대학교 법학과 졸업, 동 대학원 석사, 박사
정보통신정책연구원 연구원
현) 충남대학교 법학전문대학원 교수
현) 국가지식재산위원회 신지식재산분과 전문위원

종자 권리 전쟁

2015년 11월 20일 초판 인쇄
2015년 11월 30일 초판 발행

저 자   이 철 남
발행처   한국지식재산연구원
편집·판매처   세창출판사

한국지식재산연구원
주소: 서울시 강남구 테헤란로 131 한국지식재산센터 3, 9층
전화: (02)2189-2600 팩스: (02)2189-2694
website: www.kiip.re.kr

세창출판사
주소: 서울시 서대문구 경기대로 88 냉천빌딩 4층
전화: (02)723-8660 팩스: (02)720-4579
website: www.sechangpub.co.kr

ISBN 978-89-92957-76-2 93360

정가 22,000 원